差异

激活团队能量的四个密码

［美］苏比尔·乔杜里◎著
（Subir Chowdhury）
黎涓◎译

THE DIFFERENCE

When Good Enough Isn't Enough

中国人民大学出版社
·北 京·

前 言

在我撰写本书的时候，正赶上密歇根州弗林特市水污染的新闻震惊全国。这个城市为了节约成本，更改了供水源。而当地政府、州政府及联邦政府的一再失误，导致含有铅污染的水流进了千家万户。弗林特儿童的血液中被检测出含铅，但实际上不止儿童，所有使用弗林特市政供水的人都受到了影响。

我之所以会对这则新闻如此关注，其原因有二。第一，我曾经在密歇根居住过很多年。第二，我希望本书能够帮助人们避免此类事情再度发生。弗林特水污染的部分原因在于地方管理人员和州政府管理人员没有预料到这个问题，或者没有及时对民众的投诉进行回应。虽然民众的请求被一再忽略，但居民委员会的成员们一直在坚持不懈地呼吁政府关注这个问题。这两类人群面对危机时的不同反应恰恰是本书的主旨所在——差异最终取决于人们的思维模式。

我以前写的书大都是和质量改善相关的，其中有一些在全世界都很有知名度。那些书主要是写给想要提升产品和服务质量的执行官、经理人、公司、机构等的。而我撰写本书的目的则是要推翻一个错误的观念。在如今这样一个浮躁不安、充满欲望的时代，我们很多人都持有一个错误的观念：差不多就行了。我和很多企业的高层领导者有过数十载合作，我从中学到的一点就是：必须追求卓越。而想要达到这个层次，首先要有一个追求卓越的思维模式。虽然本书的很多想法都源自我的个人经历，而这些个人经历又大都和质量改善有关，但它们可以适用于任何领域。我相信它们适用于所有人，无论是在事业上，还是个人生活方面。我相信，所有人，不管是学生、全职父母、商店店主、公务员还是教师，只要想改善自己的事业和生活状态，都会与本书产生共鸣。

在本书的第一章，我会讲述本书所遭遇的挑战。这个问题困扰了我多年，直到我鼓起勇气去寻找答案。在第二章至第五章，我会谈一谈本书背后隐藏的四个重要因素，我将它们总结为 STAR。在这些章节，我会用讲故事的方式告诉读者，这些因素是如何在事业和生活上影响我们的思想和行为的。除此之外，我也会谈到缺乏这些元素所导致的严重后果。在第六章，我会谈到追求卓越的思维模式背后的原则，这些原则以及绝不见好就收的思想源自我的家庭教育，而后我又带着它们在地球的另一端发展壮大。

我在本书中分享的故事都来自我的个人生活和职业生涯，也源于我与美国《财富》排名前 100 的公司和高层管理人员的咨询工作。我刻意更改了真实姓名，但故事都是真实的。

我希望 STAR 规则可以帮助你建立起追求卓越的思维模式。这种思维模式可以帮助你克服“差不多就行了”的想法、改善你与他人的人际关系，并且让你的生活和事业更加成功，也更加快乐。

让世界变得更加美好是我们每个人的责任。我们不能只想着依赖别人，而自己什么也不做。我们必须行动起来。只要我们行动起来，切身实践追求卓越的思维模式的四个原则，我相信，我们一定能改变我们的企业，改善家庭关系，让这个国家重焕生机，甚至改变整个世界。这样，我们就可以确保发生在密歇根弗林特市的灾难或其他任何可以避免的灾难不再发生。真的不应该有那么多灾难。

目　录

第一章

一根牙签教会我们关爱

思维模式是可以改变的。

——卡罗尔·德韦克

《终身成长》(*Mindset*) 作者

“苏比尔，”一家制造业的高管问我，“你用完牙签之后会怎么做?”我一脸疑惑地看着他，心想：他当真想知道吗?

我自小生长在孟加拉，经历过无数艰辛。我从来没想到自己会过上现在的生活。搬到几千英里外的美国之后，我克服了一个又一个困难：全新的文化、全新的社交生活、一份要求很高的工作，但是最终我拥有了自己的新家和公民身份。如今，我是企业策略和公司质量领域的全球顶级专家之一。我曾经与某些世界顶级品牌合作，帮助它们节省了上亿美元的资金，还帮助它们增加了利润和收入。我和各种规模、各种类型的组织都合作过：非营利性、医疗、政府、制造业等。可能你会觉得，我在这行工作 20 多年了，我肯定知道为什么两个规模不相上下，又是同一行业的公司，在我的团队的帮助下履行了一模一样的流程，却取得截然不同的结果。我真的不明白，为什么一个公司取得了五倍的回报——这个回报虽然谈不上惊人，但也相当不错了——但是另一家公司却能取得 100 倍的回报。于是，我决定好好研究一下这个问题。

那是个非常糟糕的上午。我 5:30 起床去见客户。那天，密歇根下着大雪，地面很快就有了积雪，车子只能以非常慢的速度前行，有几辆车还滑出了路面。可是我当天要分别会见三个客户，所以我很担心不能按时参加第一个会议。好在虽然前进的速度非常慢，我还是及时赶到，见到了我的第一个客户马克。他是一家《财富》500 强制造企业的副总裁。

我很想立刻告诉你，那天到底发生了什么事让我恍然大悟，为什么有的公司只会循序渐进地取得进步，而有的公司却能发生翻天覆地的变化。但在那之前，我想先告诉你两件事。第一，虽然这一章我讲的是发生在一家制造企业的事情，但实际上，它在任何公司都可能发生。

第二，这家公司让我帮助它解决质量问题，但是后来又变成让我帮助它提高客户服务水平、推动公司的多元化发展、保留人才、增加收入、减少运营费用，以及提高利润。虽然那天我见到的其他人大都是高层管理人员以及他们的下属，这些人可能当过生产线上的管理人员甚至制造一线的工人，不过从中学到的东西是世界通用的。

在路上的那两个半小时我焦急不安，任何人在那种情况下都可能会失去理智。我知道我必须把注意力集中在我今天的工作任务上，集中在那个花钱让我帮忙解决公司燃眉之急的雇主身上，而不是一味地焦虑。那天上午，当我见到马克的时候，他垂着头，好像哪里不舒服似的。我猜他可能有什么烦心事。显然，他那天过得比我还糟糕。

我问他："没什么事吧？我从早上开始就不太顺利，我还担心自己会迟到。我最讨厌迟到了。不过你看上去好像也很不好，出什么事了吗？"

他回答说："我很焦虑。非常焦虑。"

那天早些时候，公布了一份 J. D. Power 质检报告。他们公司的初步质检结果是"差"。不用说，谁都知道这对公司来说是个坏消息。很多 CEO 在收到这种令人沮丧的消息之后，第一反应就是解雇质量管理人员。这次遭殃的就是马克。

我问他："你老板是不是非常生气？要不我去和他谈一下？这个结果根本就和你无关。你承担的是所有人的责任，这不是你一个人的责任。"

在那一刻，他突然看着我说："苏比尔，你用完牙签之后会怎么处置？"

"这是什么意思？这是个什么问题？"我既疑惑又惊讶，我从来没听说过这种问题。马克向来是一个有话直说的人。我太惊讶了，以至于没有细想牙签的意义。

后来我回答他："扔进垃圾桶。"

"没错。我也一样。我问我的助理，她也是这么说的。我又问了五个同事，大家的回答都一样。今天早上虽然有暴风雪，我依然 6:30 赶到这里和老板会面。我知道昨天的 J. D. Power 质检报告让他很恼火。我走进他的办公室，看见地上有一根用过的牙签。有人把它扔在地上，而不是扔进垃圾桶！这让我很心烦，因为我觉得……"突然间，他开始哽咽："我认为自己已经竭尽全力做好质量方面的一切事务。我一直尽心尽力地管理整个公司的质量——可是我居然发现一根用过的牙签就那样被随意地扔在地上。

苏比尔，这意味着一个非常严重的问题。如果员工都大意到把用过的牙签随便丢到地上，而不是放进垃圾桶，就好像一个缺乏公德的司机把垃圾从车窗丢到马路上一样……”

他的声音越来越小，脸上的表情难以捉摸。“这是我们工作的地方。通常来说，进出高管办公套间的人都是公司高管。不过问题并不在于到底是谁做的这件事。问题是公司里有人做了这样的事。现在我明白为什么我们的质量这么差了。因为有些人不在意。如果他们连最基本的扔垃圾这种事都不在意的话，那么就不难理解为什么我们的运营、生产或者销售毫无信誉了。”

我问他：“你发现那根牙签之后是怎么做的？”

真不明白我怎么会问这样的问题，不过他回答道：“我捡起来扔进垃圾桶了。”这就是他想表达的要点。无论是谁，即便是高层管理人员和公司总裁，也不能逾越最基本的职责。

我当然同意他的观点，那根牙签确实体现了公司内部一个更为重大的问题。企业管理向来如此，往往以小见大。牙签的事情让我想起了当时 SAS 航空集团的首席执行官杰恩·卡尔森，当时有传言说，乘客发现座位上的小桌板很脏，他因此联想到航空公司是不是其他方面也有所疏忽，比如飞行员训练和发动机日常维护等。他说，不干净的小桌板意味着航空公司没有追求卓越。

我们聊完之后，我和马克一起参加了一个集体会议，讨论 J. D. Power 质检报告的评分结果及其他工作。因为我和这家公司合作时间非常长，所以他们也让我参加了这个会议。首席执行官明确表示，要求所有职能部门以及公司所有级别都要开诚布公地交流意见。参加会议的人包括工程师和高级管理人员，还有首席运营官。首席运营官让马克先说了一下，为什么 J. D. Power 质检报告给他们这么低的评分。

会议室鸦雀无声，安静得掉根针都能听见。有一些人，尤其是工程师，知道问题的真正根源——机器需要升级，员工没有得到很好的培训，没有把质量放在第一位，软件有病毒，供应商不可靠——不过谁也没出声。

首席运营官不动声色，继续等待大家发言。他鼓励围坐在桌前的人说出自己的想法。他说，马克指出的问题和在座的每个人都息息相关，是每一个人的责任。他告诉大家必须互相帮助，即便这个问题牵扯到的不是自己的团队和部门。

首席运营官的发言鼓励了大家，不过会议室的氛围还是一样紧张，甚至还在持续加重。这种会议让人恨不得立刻逃跑。几个工程师开了口，尝试着描述问题的根源，可是他们说完之后，几个管理人员做出了明确回应，希望工程师闭嘴。几位管理人员竭力维护自己，否定工程师的贡献，而且他们做得毫无痕迹，首席运营官完全没有意识到发生了什么。可是其他人发觉了。我当时就在想，这家伙怎么这么笨？在任何场合下，如果有人要工程师闭嘴，我们会在会议室之外处理这个问题。也许管理人员不想在首席运营官面前出丑；也许这就是该公司文化的一方面，首席执行官和首席运营官想努力改变这种文化。在我看来，或许两者都有。

开完会，我和马克去咖啡馆吃午饭。他问我对会议有什么感觉。

我说："公司的文化就是，大家把问题都藏着掖着，当着老板的面更是如此。"

马克盯着我看了很久，似乎对我说的话有些不满。他说："苏比尔，你知道我们的首席执行官多么看重质量。他投入了几百万美元来改变公司文化。现在已经和过去大不一样了。大家都畅所欲言。"

虽然花了几百万，不过很显然，刚才参加会议的那些管理人员似乎并不买账。我告诉马克："你好像在替公司辩护。你到底在为什么辩护呢?"接下来我们都没说话，气氛有些尴尬。这时我看见，刚才参加会议的工程师们就坐在我们附近。我问马克，我可不可以和他们说几句话。马克点头表示同意。

我问其中一位以前和我聊过的工程师，为什么他开会的时候说到一半就不说了。我知道他参加过一个培训项目，那个项目就是要让员工学会开诚布公、无所畏惧地表达自己的观点和意见。

他回答道："苏比尔，你不是这里的员工。我们雇你是来改善公司状况的，所以你可以想说什么就说什么，大家也希望你那么做。但是这个公司的文化就是，如果你过于直率，把真相赤裸裸地展示出来，那么你的日子也就到头了。我还要养家，我的孩子还小。"

他的回答让我想起其他公司里我曾经访谈过的一些人。其中有一个是一家大型食品公司的产品线经理，他曾经私下告诉我："这个东西（某个产品线上的产品）毫无营养价值。我绝不会让我自己的孩子食用。但是为了保住工作，我不得不继续生产。"这个人也是不敢说出真相。和这位工程师一样，为了保住工作，他什么也没说。

还有一个人是一家金融服务公司的经理，他要求员工诚实坦率。他告诉自己的团队，他有一条铁律："不要撒谎。"他解释说，"如果你坦诚地告诉我哪里出问题了，我们可以一起解决问题。但是如果你撒谎，那我们就都完蛋了。"

前面两个人都是为了和谐而不肯说出真相。后面这个人则是要所有人都明白：公司的成败取决于诚信。我向工程师道了谢，感谢他和我进行了真诚的对话。我跟他说，我希望公司有更多的人能够坚持说真话。我回到马克那里，他问我都说了些什么。我告诉他："马克，你对那根掉在地板上的牙签的反应是正确的。要想成为世界级的公司，恐怕你们还要下些功夫。如果你还能发现更多掉在地上的牙签，那也是意料之中的事情。当然这是个比喻。"

我继续说道："提高质量不是一句口号，或是一个简单的过程。如果没有真正坦诚的公司文化，任何质量项目都没办法实施，因为员工们，不管是产品线上、销售、财务还是仓库的，甚至高层，都缺乏应有的思维模式。从我目前了解的情况来看，恐惧弥漫在整个公司中。大家都觉得'差不多'就行了，而这必定会带来灾难。"

了解我的人都知道，我喜欢向别人提出挑战，也喜欢迎接挑战。所以我决定向马克提出挑战："你能做到在你的老板面前开诚布公吗？"

他想了一会儿，有点不好意思地说："不能。"他沉默了许久，接着说："我们所谓的'开诚布公'的公司文化只是纸上谈兵而已，其实都是空谈。我们谈论怎么改变过去那些让我们止步不前的做法，那些掩盖问题的行为，然后宣布我们现在的公司文化是坦率勇敢。可是事实上，只不过是新瓶装旧酒。"

我回答道："你看，马克，除非你坦率地跟大家说这个问题，同时作为领导勇敢地承认所谓的虚假文化，否则你就不能真实地面对自己，你也就不是一个好的经理或者领导人。你必须面对这个问题：如果你不能真实地面对自己，你就不可能建立追求卓越的思维模式。差不多就是不够好。要想追求卓越，每个人都必须对质量负责。”

马克说，这样根本不现实。

我决定换个方式。我问他：“你在家和在教堂时，做的是真实的自己吗？”

他反问道：“这和我们的工作有关吗？”

“相信我，绝对有关。”我非常真诚地说，“你在家或者在教堂的时候，我敢说，你肯定会对所有人充满尊重和诚意。你非常在乎他们。你知道他们都有家庭、有生活、有梦想，同时也有正在竭尽全力去解决的问题。你尊重他们，是因为你在乎他们。但是当你工作的时候，你会把其他人当‘员工’看待，而不是当成有血有肉的人。就好像他们的家庭、生活、梦想和问题统统不存在，就好像他们不关你的事，或者出了这幢大楼就和你毫无关系。你对待他们的方式，就好像你并不在乎他们是不是一个个活生生的个体。”

在那一刻，马克似乎被打动了，他承认说：“有时候，早上在停车场下车之后，我觉得自己好像只是从车里拿出了公文包和笔记本电脑，但是把自己留在了车里。我确实应该改变了。我不能再假装那种冷漠的感觉无所谓。我不能再对职场的人无动于衷，不能再接受'差不多'的解决方案了。"

"虚假的文化造就虚假的员工，"我告诉他，"别让自己变成一个虚假的人，不要让别人觉得你不重视他们。我敢保证，如果你真心实意地关心你周围的人，而其他人也都这么做，那么你们的产品质量一定会产生质的飞越。并且除了工作之外，你们的生活质量也会相应提高。"

和马克谈完之后，我感觉他好多了，至少看上去没有那么沮丧了，目标也更加明确了。我的下一个约会对象是罗伊德，他也是公司副总裁。罗伊德非常友善，可他的助手却不怎样。在我的印象中，她从来没有微笑过，而且很没有礼貌。她是个很难相处的人吗？还是说，她不喜欢自己的工作？我跟那些不喜欢微笑的客户说："笑一下又不花钱，还可以让别人更加开心。"曾经有一个客户因为这句话改变很大，之后我每次看见她，她都会朝我微笑。希望她自己也觉得这么做能让自己更加开心。

罗伊德从办公室走出来的时候，有些紧张。我朝他咧嘴一笑，对他说：“罗伊德，你们公司太缺少笑容了。我帮你买一些如何？免费的哦。”

他被逗乐了，说：“好啊，我接受。”

“我可是认真的，”我说，“你的助理每微笑一次，我就给你最喜欢的慈善机构捐10美元。我敢打赌，她笑了，你也会笑。”

“你最近的咨询工作就是干这个吗？”

“信不信由你，”我回答道，“你说对了。罗伊德，包括质量在内的一切成功，其实取决于每位员工的思维模式。相信我，只要员工的思维模式改变了，产品和服务质量就一定会大幅度提高。”

好几周了，我一直建议罗伊德更多地走出办公室去见见工程师和管理人员，而不是通过表格和报告或是把他们叫到自己的办公室来了解他们的工作表现。每次我提议的时候，罗伊德就说他正打算这么做，但是他从来没有真正采取过行动。所以我打算再提一次。

“我们去散个步吧，”我说，“我们出去和你的团队聊一聊。”

罗伊德又开始找那些老一套的借口了，什么要开会啊，要看报告啊，没时间啊什么的。不过他还是问了一句：“我应该和他们说什么呢？”

我说：“罗伊德，你负责的是公司价值几百亿美元的业务。你用不着我教你该说些什么，或是该问些什么。按照你的想法去做就好了。放松，微笑，和他们交谈。千万不要让他们觉得你很严厉。”

“苏比尔，”他说，“你知道我们的 J. D. Power 质检报告评分很低，而我们采用‘精益六西格玛’质量流程已经有一阵子了。”

“相信我，我明白这个评分给你带来的巨大痛苦。但是我觉得问题的核心是你们太过于专注流程，而忽略了人。追求卓越的质量需要双管齐下。所以，我才建议你去见见工程师和管理人员，这样你就可以亲自了解到未加过滤和审查的实际情况。他们在你办公室描述的情况未必是真实的。不是所有的消息都是好消息，但是你的员工不敢直言。前线和总部相距只有几英里，但是行动却有着天壤之别。我希望你能和自己的员工建立联系。”

最终他明白了我的意思。他说：“好吧。我们出去走走。”

罗伊德穿行在他所管辖的那些部门，看上去很不自在。我们来到一个规模很大的产品研发部门，发现大多数工作间都是空的，居然没有人。他看见一个工作间的工程师，走上前去问他，其他人都去哪儿了。那个工程师告诉他，他们都在开各种各样的会。

会议室在走廊的一侧。罗伊德透过一个工作间的玻璃隔板看见会议室里全是人。他走向一间会议室，打开门，我和他一起走进去。正在做演示的人停了下来。几个高级经理从椅子上站起来，表示敬意。我感觉到罗伊德好像特别不自在，屋子里的每个人都让他很不舒服。

罗伊德对演讲者以及全会议室的人说："请你们继续开会。我们只是来看看。"

房间里的人都很惊讶，他们有好几个月没在这里看见过罗伊德了。我们待了差不多十分钟。罗伊德问了几个问题，然后我们起身去了另一间会议室。

另一间会议室的人正在讨论产品失败的事情。讨论氛围非常激烈，很多人都在互相指责之前的过失，情况看上去很糟糕。

罗伊德对首席工程师说："已经发生的事情不能挽回

了，但是我们今后可以做得更好。跟我说说你们的新设计吧。”

首席工程师回答说：“没有预算，所以我们没办法最大程度地改善产品设计。遗憾的是，新产品还是会出现同样的问题，除非我们重新设计。”

罗伊德对这个回答不太满意，他说：“哈罗德，你知道公司目前的财务状况。除了已经分配好的数额，我们没办法拿出更多的钱。这个问题没有讨论的余地。”

首席工程师是个直截了当的人。不知道为什么，他似乎不太在意他的回答会给自己的职业生涯带来什么样的影响。他看着罗伊德，很平静地回答道：“我刚才说过了，除非在研发成本上增加投资，否则新一代产品会持续出现问题，情况就会变得更加糟糕。我跟你说实话，这样增加投资 2～3 年之后我们的情况才会改观。不增加投资，产品设计没办法改进。”

哈罗德一定是鼓足了很大的勇气才告诉罗伊德真实情况的。以我的经验，这种行为在这家公司非常少见。我留意到几个人的表情非常严肃。

其中一位工程师主管试图用比较委婉的措辞缓和气

氛。但是罗伊德明白，首席工程师是对的。他表示完全信服。“哈罗德是负责这个产品的首席工程师。我很感激他直言不讳地告诉我实情。想让这个产品成功，我们确实需要换个策略。”

然后，他转向首席工程师，对他说：“我们过后谈一下怎么解决设计的问题，当然，还有预算的事情。”

整个会议室鸦雀无声，其余的工程师显然对这个突然反转的局势有些不知所措。罗伊德坦承说：“如果我今天不出现在这里，我可能不会听到这些。我很感激你们能为了产品和公司的发展说出自己的想法。我希望你们以后都能像今天这样直言不讳。”说完，罗伊德就离开了会议室。

“苏比尔，你对刚才的事情怎么看?”罗伊德在走廊里问我。

“我觉得你做的是对的。而且你清晰地传达了希望大家能够真诚沟通的想法。”

“我现在能理解你为什么迫使我这么做了。”他说，“质量问题确实和每个人息息相关。如果每个人都因为惧怕后果而不敢说真话，那么我们永远都找不到问题的关键并且去想办法解决它。”

我和罗伊德进入另一间会议室。他礼貌地打断正在做演示的人，对他们说：“今天下午我去了几间办公室。我只是希望你们能明白，你们所有人都有权利和义务为了公司的利益站出来讲实话。你们不仅要发现问题，还必须讲出来，即便那么做很难受。如果不知道公司以及项目的真实情况，公司就很难取得进展。我向你们保证，任何人都不会因为直言不讳而受到责罚。对于那些可以提高客户体验、改善产品，最终让公司更加成功的事情，每个人都要做到心中有数，并且把它们指出来。”

然后，他又加了一句：“差不多其实还差很多。”这句话成了他日后的口头禅。

花了将近两小时和团队成员进行沟通，之后，罗伊德离开部门，既兴奋又苦恼。

我和他一起回到办公室之后，他说：“我现在大致明白我的部门报告是怎么一回事了。我真应该早点这么做。我向你保证，从今以后，我每周都要这么做一次。”

接下来我要见的人是公司的首席执行官布拉德。去他办公室的路上，我一直在琢磨，不知道到目前为止我所领略到的态度——散漫、无礼，以及不愿意汇报实情——是不是已经蔓延到公司的最上层。我猜是这样的。这种态度应该是贯穿于整个公司文化的，而且通常源于最上层。

虽然我和这家公司合作有好几个月了，但这还是我第一次见布拉德，所以心里有点忐忑不安。坐下之后，我留意到他的办公桌后面挂着孩子的照片。我就问他："你有几个孩子？"

他回答说："我有两个女儿。一个在加州大学洛杉矶分校读心理学，另一个在纽约工作。你为什么要问这个呢？我们可没花钱让你做家庭咨询，对吧？"他的口气有些不近人情。

"你上次和她们交谈是什么时候呢？"我没理他，继续问道。

他被我的问题弄得有些恼火，回答道："不记得了。我很忙。"

"好吧，"我说，"这次咨询到此结束。这一小时免费。现在你还有55分钟的自由时间，给你的女儿打电话吧。"

他对我提出的要求感到非常惊讶，有些不好意思地问我："我应该说些什么呢?"

"跟她们说，你想念她们。告诉她们，你爱她们。你能不能跟我保证你会打这个电话?"

布拉德显然对这个局面非常惊讶，他答应我一定会打电话。我离开他的办公室，以便让他有时间去做这件事。

没想到一周以后，布拉德取消了我们那周的会谈。

两周后，我到他们公司，和布拉德进行后续会谈。走进他办公室的时候，他居然给我一个大大的拥抱！他比我高大，我真的感觉到了什么叫"熊抱"。

"谢谢你，苏比尔，"他说，"非常感谢你。上次你走之后，我分别给两个女儿打了电话，告诉她们我爱她们，我们都在电话里感动得哭了。后来我们决定要聚一聚。我租了一个湖边的小木屋，我们一起度过了一周的时间。所以我取消了上周的会谈。"

他笑呵呵地说道："我还取消了很多会议和工作，那些都是我认为非常重要的，但是我发现，和女儿们在一起要重要得多。"

接着，他说了一句："我重新让女儿们回到了我身边。"

我为他感到高兴，对他说："你瞧，布拉德，你的公司困难重重，你感到疲惫不堪，你收到的报告满是问题，而团队也是疲惫不堪。他们害怕你，所以就只跟你说你想听的内容，而不是告诉你真相。如果你真的想改善公司状况，包括提高公司的质量水平，那么作为公司的领导者，你必须要做到善解人意。和你的执行董事以及员工们谈谈他们的孩子，关心一下他们的生活。让他们知道你关心他们。”

接下来在公司的几个月里，我一再强调思维模式是公司出现问题的主要原因，质量下降只是其中一个症状。公司的员工其实对于质量操作和流程都非常熟悉。公司投入大量资金进行质量流程的培训，但是员工对于质量的理解缺乏真正的兴趣和关注。如果员工对于他们生产的产品并不是真的在意，那么再好的流程也会失去力量和效能。首先要关心产品，流程只能在那之后产生作用。没有最好，只有更好。

马克跟我说：“现在我才明白，我们的产品质量为什么这么差，因为这里的很多人都并不走心。”换句话说，他们缺乏正确的思维模式。

我们的思维模式促使我们形成特定的行为方式。有人称之为“意识”或者“认知”“正念”。它是你脑海里的声音，指引你的行为和语言。拥有开放的思维模式是人类的重要特性。斯坦福大学心理学教授卡罗尔·德韦克在《终身成长》一书里写道：

> 无论你有没有意识到，所有人都会记住发生在他们身上的事情，这些事情有什么意义，以及他们该怎么去做。也就是说，我们的思维会持续观察并解读这些事情。这其实就是我们保持理智的原因……思维模式对留存在人们脑海里的事件进行塑造，主导着人们对事物的理解。

想想看，你的思维模式就是对你所经历的事情的理解。人们可能会意识到他们的思维模式，也可能意识不到，但是思维模式对人生的很多方面都有非常深远的影响。无论马克有没有意识到，他对扔在地上的牙签的反应是完全理性的——那根牙签代表了对质量的轻视，因为它不是“关爱”的思维模式的反映。

深入理解关爱的思维模式的一个方式，是关注它的对立面，也就是“漠不关心的思维模式”。待在那家公司的那段时间，我深刻体验到了这种不良行为。从随意扔在地上的牙签，到高级管理人员不愿意听取意见，再到餐厅里的工程师承认自己不愿意说实话，这种“虚假”文化的痕迹比比皆是，比如罗伊德粗鲁无礼的助理，还有他不喜欢去员工的办公场合和他们会面，等等。

一旦漠不关心的思维模式开始蔓延，真相就会变得扑朔迷离。人们不再努力去理解其他人的观点。大家开始接受折中策略，因为比起寻求最佳方案，这么做要简单得多。指责他人变成了常态，同时大家对于差不多的结果表示满意，没有人想要追求卓越。相比之下，一旦关爱的思维模式开始蔓延，真相就会得到重视。人们试图努力理解对方的观点，为了追求最佳的结果，折中的态度会遭到抵制。人们也会意识到质量与每个人都息息相关。没有最好，只有更好。

如果布拉德的公司里弥漫着关爱的思维模式，那么地上就不会有牙签；包括高层领导者、中层管理者、工程师、产品线上的工人等所有人在内的公司员工，都会为了提高公司的诚信而进行积极的对话。团队合作会替代指责他人以及维护自身。罗伊德会愿意和自己的手下进行沟通，他的助理也会朝我微笑，甚至表达一定程度的关心：“您今天上午一路过来都还顺利吧？路上堵得一塌糊涂呢。”

所幸首席工程师关心公司的前途和产品的质量多过自己的职业发展。可是如果所有员工都不需要权衡得失就能说出实情，岂不是更好？

我认识的一位服务行业的首席执行官说过一句话，我觉得很符合目前我所遇到的这个情况。他对高级管理层和中层经理说：“我们当然要关心客户，但是我们首先要互相关心。”

思想在前，行动在后。

有些人可能听见这话时会朝我翻白眼，但是请相信，单靠行动本身并不能帮你实现目标。

漠不关心的思维模式不仅在大型企业普遍存在，也是整个国家面临的问题。2015 年北美航空满意度 J. D. Power 质检报告结果显示，乘客对航空业的满意度只有 717 点（总分 1 000 点）。这个结果非常令人失望。2014 年，有接近 6 400 万辆汽车被召回，这也很令人失望。在美国客户满意度调查的 43 个行业当中，有线电视和互联网行业并列倒数第一，而这些企业的业务与大多数家庭相关。2015 年上半年的调查表明，医疗行业的得分只有 75.1（总分 100 分）。

这不仅仅是企业的问题。2016 年夏天发布的盖洛普民意测验表明，只有 65％的美国居民表示对警察满怀信心，只有 39％的人表示对医疗系统非常有信心，对公立学校的信心只有 30％，对电视新闻的信赖只有 21％。对于国会的信赖则持续最低，只有 6％。更有甚者，2013 年美国土木学会（ASCE）发布的美国基础设施建设报告中，对于国家公路和航空基础设施的评级都是 D，铁路和桥梁评级为 C+，有害废物和饮用水的评级为 D。如果你的孩子带着那样的报告回家，你会怎么做？

我们对于自己赖以生存的组织和机构普遍怀有不满。这种普遍性来源于整个国家漫不经心的思维模式。

在接下来的四章里，我会深度探讨追求更好的思维模式的四个因素，我将它们总结为“差异的真相”：

- 直截了当（Straightforward）。

- 关切用心（Thoughtful）。
- 承担责任（Accountable）。
- 坚定果断（Resolve）。

为了方便记忆，我将它们统称为 STAR。要想达到最佳效果，这四个因素一个都不能少，缺少任何一个因素都不能称之为关爱的思维模式。那天在布拉德的公司，我看见了这种思维模式的些微光芒。首席工程师对罗伊德直截了当，而餐馆里遇到的工程师对我也非常直接。布拉德在和女儿的关系上学会了更加关切用心，马克对公司的质量积极承担责任，而罗伊德坚定果断地和首席工程师解决了预算问题。但是这些都只是微弱的光亮，公司需要创造追求更好的思维模式，并且让它的光芒照亮整个公司。

你可以回想一下某些时刻，比如在电影院或者人行道上捡起垃圾，或是帮助一个朋友渡过难关，或是对某人虽有些刻薄但是用心的评价表示感谢。这些都是小事，但是小事做多了，就变成了大事。它们都有很大的意义。任何一件小事都可能产生更大、更好的结果，这样的结果充满了关爱，是我们在生活中的每一天用每一个行为创造出来的。

你每天看见多少“牙签”掉在地上？有多少事情是本来不应该发生的？你为这些事情采取过什么行动？我认为，每个人都应该采取充满关爱的思维模式，因为关爱与每个人息息相关，它无处不在，无时不在。

这，就是差异。

第二章

直截了当的重要性

在生命的最后一刻才恍然大悟，真是有趣。

——兰迪·鲍许

《最后的演讲》（*The Last Lecture*）作者

几年前，我接到尼克的电话。尼克是一家《财富》500 强企业的高管，我为他做咨询服务有十来年了。

“我想立刻见到你。”他跟我说。

我还没见过尼克这么着急过。“立刻吗?”我问道。

“是的，立刻。”

还好，他的办公室离我只有半小时车程。于是我立刻开车去找他。

拥有关爱思维模式的人，首要特点就是直截了当。不是说其他三个特点不重要。实际上，我认为它们是同等重要的。要想培养关爱的思维模式，这四个特点缺一不可。但是我觉得，其他三个是建立在直截了当基础之上的。所谓“直截了当”，指的是一个人诚实坦荡、直接、思想开放、为人公正。

到了尼克的办公室，他站起来迎接我。我们面对面坐在一张临窗的小圆桌旁边。尼克是一个进取心强、从不拖泥带水，而且“不惜任何代价”都要成功的管理人员。他是出了名的咄咄逼人，从来不惜利用他人的才能达到自己的目的。但是他很少对下属的努力和贡献予以肯定。如果他觉得自己受到了威胁，或是下属反对他的行为或者管理风格，或者反对他将所有的功劳归为己有，他就会将下属降职，或者直接开除。很多非常有才能的员工要么离开公司，要么只能忍气吞声。他很懂得玩弄权术，竭尽全力让自己的老板高兴，同时确保其他有才干的人没办法接近他的老板。

毋庸置疑，没什么人喜欢和他共事。他手底下的人都很害怕他，他们背地里叫他“毒蛇”。

我尝试着提醒他，已经多次指出了他的问题。他很尊重我的建议，因为他的几次升职都有我的功劳，所以他还是会听我的。但是我知道，他内心非常抵触我指出他的缺点，比如他的傲慢，或是不愿意承认别人的功劳，以及这些缺点所造成的人才流失。

那天上午，尼克坐在那里，整个人好像缩了起来，他的手叠在一起放在桌上，看上去严肃阴沉。我实在想不出来，到底发生了什么事。

“苏比尔，”他低声说道，“我被诊断出患有肝癌，已经无法手术了。医生竭尽全力为我治疗，但是我不知道自己还能活多久。也许一两个月吧。”

我整个人都惊呆了。我一路看着尼克从底层管理人员一步一步往上走，这个消息对我来说就好像五雷轰顶。对于下属来说，尼克或许是个难以相处的人，但是从公司的角度讲他是个非常优秀的高级管理人员，他的远见卓识对公司产生了重大影响。我的声音低得几乎听不见：“尼克，我非常遗憾。”

“我的妻子和孩子们都已经知道了。公司里的其他人都还不知道。不过你现在知道了，”他说，“我需要你的帮助。”

我很惊讶尼克把这么隐私和痛苦的事情告诉了我。我开始思考应该怎样帮助他。

“你想让我怎么帮你？”我问道，不知道他需要我做什么。

“我最近一直在想我以前对奥黛丽做的那些事。”他说。

尼克获得现在这个职位的时候，曾经有一位名叫奥黛丽的女员工跟他说过一些他不爱听的事情。他刚接手工作的时候，奥黛丽对他的业务非常熟悉，知道所有的细节，包括一切优势和劣势。奥黛丽是个非常坦率直接的人，只要她觉得是正确的，就会和尼克争论，哪怕有其他人在场。

因此尼克把她踢出了自己的管理团队。那是一次非常公开而且丢人的降职。毫无疑问，奥黛丽在公司的前途就此结束了。很快，她辞职离开公司，去了一家对手公司。她走了以后，她之前所负责的产品获得了全国大奖。尼克将功劳据为己有。他没有对她所做的贡献予以肯定。

尼克没有诚实地对待团队成果，他对奥黛丽很不公平。

“关于奥黛丽的什么方面?”我问道。我不确定他具体指的是什么事情。

“我对待奥黛丽的行为，是我在这个公司做过的最让我后悔的事情之一。我一直在想，我应该做些什么来补偿。我是不是应该道歉？如果是的话，该怎么道歉？你可不可以帮我想想，我应该做些什么？我是不是应该联系她，请求她的原谅？”

“尼克，我没有资格告诉你怎么做。”我回答道，“就算是换了我，也没有百分之百的把握知道自己应该怎么做。我没经历过这种事。我只能告诉你，我觉得我会怎么做。我会给奥黛丽打电话，感谢她所做的一切。我相信，一句简单直接的‘谢谢你’对她来说也许就足够了。”

他有些胆怯地问我：“你觉得她会接我的电话吗？她离开公司的时候非常生气。那件事我处理得非常糟糕。”

原来尼克知道，这倒是让我很吃惊。我一直觉得他对自己的行为所造成的后果非常迟钝。

我说：“我认为她会接你的电话。”

尼克听取了我的建议，给奥黛丽打了电话。后来，奥黛丽又给我打了电话。她辞职之前我们有过非常频繁的合作。她问我，是不是我让尼克给她打电话的。我跟她说我没有，我只是针对尼克的想法提了一个建议，是他自己做的决定。她没有跟我详细描述他们谈话的细节，但是她告诉我，他们谈了半小时，最后两个人都流泪了。

尼克的后知后觉和悔恨源自他缺乏一种关爱的思维模式。直到患上绝症，他才意识到这一点，实在是很遗憾。但是他联系奥黛丽，简单地说一句“谢谢你”，的确是直截了当的一个很好的例子，这是一种表达欣赏的行为。如果他在有生之年能够更加直截了当，那么他的生活就会更加丰富多彩，他身边的人也会如此。

尝试让自己变得直截了当，不一定非得是这么戏剧化的情况。比方说，有个朋友跟我说过，福特汽车公司总裁艾伦·罗杰·穆拉利在 2006 年上任的时候，曾经把所有高级管理人员聚集起来解决问题，这就是一个绝佳的直截了当的例子。

穆拉利在他任职期间，每周四的上午都会和领导团队举行“商务计划讨论会”。他把“交通信号灯”系统引进团队，要求大家把自己职责范围以内的重要行动报告用绿色、黄色和红色进行标注，显示报告属于正面性质、警示性质还是负面性质。第一次会谈的时候，所有的报告都被标注成了绿色——全部都是好消息。穆拉利的团队成员之一，马克· 菲尔得斯在穆拉利上任之前接受《财富》杂志采访时曾经说过：“我们公司的文化就是，如果你汇报坏消息，那你就完蛋了。”难怪报告里看不见黄色和红色。

穆拉利提醒高级管理人员说，公司前一年损失了几十个亿。他非常尖锐地问道：“那么是哪些地方出了问题?”穆拉利改变福特公司文化的目标之一就是：管理团队对待问题要直截了当。第二周的会谈还是出现了同样的问题，第三周也是如此。所有的报告无一例外标注了绿色。福特公司掩盖坏消息的习惯看来已经根深蒂固。终于在某一周，马克· 菲尔得斯打破常规，说他们新问世的一个车型存在技术延迟的问题。菲尔得斯汇报完之后，会议室一片寂静。所有人都在等待新 CEO 的反应。放在过去，这个管理人员会被开除。短暂的沉默之后，穆拉利开始鼓掌，他在为报告鼓掌。他对会议室里的其他高管说，他很欣赏这种坦诚。到了下一周，有几个报告被标注了黄色和红色。不久以后，标注红色的报告数量超过了标注绿色的报告。

在穆拉利坚持要求团队直截了当之后，他们才能承认问题，继而取得进步。只有他们明白“没有最好，只有更好”，才会去解决问题。如果他们不知道自己可以保持诚实透明，公司就不可能清除掩藏起来的障碍。

始于 2007 年 12 月的美国经济衰退让福特公司举步维艰，几乎到了要破产的地步。但是到了最后，福特公司是唯一一家不需要接受政府救助的汽车公司。通过对人员、生产和质量各方面的整顿，公司的利润飞速增长。穆拉利因此成为历史上最离奇地扭转局势的传奇人物之一。

坦诚直接的对立面自然就是不诚实和欺瞒，也就是撒谎。对此我们的直觉是能感知到的。不久之前，在一家五星级酒店发生的事情就是如此。这家酒店窗外的景色非常优美，群山环绕着一大片天然湖水。我订了一个套房，打算和妻子还有两个孩子在这里度假。从酒店网站刊登的照片来看，我们订的房间简直堪称完美：双层房型，一整面玻璃墙俯瞰着湖水，另一整面墙则对着群山。为了保证能拿到这个套房，我提前好几个月就预订了。酒店在我们到达的两天前对我们的预约进行了确认。他们告诉我一切顺利。

而当天我们进入酒店豪华的大厅时，酒店的服务人员却告诉我说，我们的套间不能入住。酒店前台的经理跟我解释说，酒店的管道出了问题，我们房间所在的一整层都不能入住。在一通真诚的道歉之后，我们被安排在下面一层的两个房间，窗外的景色逊色了许多。

我还是不能平息怒气。我做的工作就是帮助公司解决问题、提高质量的，所以我感觉酒店给出的管道方面的解释不可信。于是我走上套房所在的那层楼，敲开几个房间，问了问客人他们房间的管道是否有问题。他们对我的问题感到很奇怪，于是我就跟他们解释说，酒店的人告诉我这一层楼的管道有问题，所以他们给我们提供了楼下的房间。他们都回答说管道没有问题。

“谢谢。”我跟他们说。

我怒气冲冲地回到大厅，责问经理。我对他说：“我的工作就是给全世界的管理人员做讲座和培训，帮助他们提高质量。我会把我在这家酒店的遭遇说出来。我会在我的工作中、在媒体上曝光这家酒店。你们的套房一晚上要几千美元，居然还欺骗客户。”

接着我告诉经理，因为我不相信他们的解释，所以我已经去问了那层楼的其他客人，是否存在管道问题。我发现酒店欺骗了我。

“你敲开了其他客人的房门?”他非常惊讶。

我回答道：“是的，我敲了其他人的房门。你们为什么要欺骗我?”

经理显得非常尴尬，他提出给我们的住宿费用打折。

我对他说：“这件事和酒店的价格没有关系。我付得起。但是这个谎言我会记一辈子。如果这件事情发生在你自己家人身上，你会怎么想?如果你发现他们把房间给了别人，还撒谎掩盖，你会怎么做?”他一言不发。

如果酒店的员工坦诚地告诉我实情，我可能还是会很不开心，但是至少我会觉得他们肯对我说实话，为自己的错误道歉，说明他们多少还是在意客户的。

我们在很小的时候就会撒谎了。各类研究表明，61%的青少年承认他们对老师撒过谎，76%的青少年承认他们对家长撒过谎，还有84%的青少年承认自己剽窃过网上的信息。作为成年人，采取关爱的思维模式是一个需要终生努力的选择，它需要我们在每一次对话和交流的过程中都要保持真诚坦率和直截了当，无论对方是同事、老板、客户，还是家人和朋友。缺少了这种真诚和坦率，关爱的思维模式是难以建立和维持的，更不可能建立成功的企业、家庭或者社区。

如果尼克对待下属诚实公平，他就会承认下属的贡献，而不是把功劳占为己有。艾伦·穆拉利的管理人员需要小心翼翼地尝试，才知道在福特公司诚实坦率是安全的。福特公司之所以在一开始陷入困境，就是因为公司把自己变成了一个埋葬坏消息的禁地。如果我入住的那家酒店对客户持有诚实坦率的态度，他们就不需要费力编造一个管道的谎言，来解释为什么我们的房间不能入住。

员工隐藏真相甚至故意撒谎所造成的经济损失是无法估量的。大多数企业行为方面的研究都和犯罪行为有关，如盗用公款、行贿受贿、经济舞弊或偷税漏税。康奈尔大学的一项研究表明，美国每年因为白领犯罪导致的经济损失高达 3 000 亿美元。这还不算那些小偷小摸，比如把办公用品拿回家，或者用公司设备干私事。

除了经济损失之外，因此造成的人力损失也相当严重。比如说，尼克拒绝承认下属的功劳，这值多少钱？我认为那个损失是非常巨大的。他的员工有没有不遗余力地认真工作呢？至少公司损失了一些非常有价值的员工，比如奥黛丽，公司在她身上投入的时间和培训也都不复存在。在穆拉利上任之前，福特公司的管理人员多年来一直都在掩盖错误，这又值多少钱？根据我常年在这种规模的公司工作的经验来说，不说几十亿，至少价值几千万美元。除此之外，这种制造企业可能会由于安全标准过于松懈而导致工人受伤，或者由于商品质量低劣而导致客户受伤，等等。所有的一切都源自公司不鼓励员工诚实坦率。

多年前，亚利桑那州立大学心理学名誉教授罗伯特·西奥迪尼和他的两个同事在《麻省斯隆管理评论》（*MIT Sloan Management Review*）上发表过一篇名为“企业欺骗行为造成的隐形损失”的文章。在这篇文章中，他们称这种欺骗行为为“恶性肿瘤”，并且描述了它所造成的后果，这是西奥迪尼所描述的第一个恶性肿瘤。他们认为企业的欺骗行为会像肿瘤一样不停增长，而且很难让人觉察出它才是员工业绩差的真正根源。

公司的信誉一旦下降，恶性肿瘤就开始成形。它会带来巨大的危害，比如机会流失、客户流失、资金流失、发展停滞、公司股价下跌等。就在我写下这段话的时候，媒体正在声讨大众汽车公司在 1 100 万辆柴油汽车中安装软件，故意隐瞒车辆检测到的排污量。大批高管和经理被解雇。公司正面临严峻的财务处罚。诉讼已经提交，恐怕接下来还要面临刑事指控。大众汽车的股价也急剧下跌。更糟糕的是，丑闻发生之前，大众公司刚刚举办了“蓝·创未来”（Think Blue）的营销活动，声称“生态可持续性发展是大众公司的首要目标”。

一句话，大众汽车公司撒谎了。更严重的是，公司制造的汽车撒谎了。大众汽车的管理人员在被抓之后承认了自己的错误，可惜为时已晚。

大众汽车的管理人员是否会坦白一切尚且无法确定。我希望他们能像通用汽车的首席执行官玛丽·芭拉那样坦率。当年由于点火开关隐患造成的大规模召回事件，让她陷入了来自政府、媒体和客户的重重压力之下。面对媒体的巨大压力，她在一次讲话中对员工坦言道：“有人受伤，有人失去了生命。”

西奥迪尼和他的同事在文章中说道：“之前的研究表明，比起其他特质，人类天生会对欺骗行为产生抗拒。”

这种抗拒也同样针对那些有欺骗行为的人。这也就是那些人会称尼克为“毒蛇”的原因。

西奥迪尼和他的同事提出的公司的第二个恶性肿瘤，指的是公司价值和员工价值的不匹配。任何人如果想在一个充满欺瞒的公司营造关爱的思维模式，都会非常痛苦。我可以想象到，大众汽车公司那些拥有这种思维模式的工程师以及其他员工此刻的心情。我想他们应该是充满愤怒怨恨，而又感到恐惧和失望的，也许还不止这些。

由于贪婪、骄傲，人们可能没办法那么直截了当，这是导致人们无法做到坦诚的第一个原因。大众公司的欺骗行为就是一个很好的例子，它告诉我们贪婪如何战胜了正直。这样的例子数不胜数：公司、政客、CEO、华尔街的金融家，等等，其中有些人甚至锒铛入狱。新奥尔良市市长雷· 纳金由于二十多条贿赂指控被判处十年监禁。密歇根最高法院的一名法官由于抵押欺诈被判入狱 366 天。罗得岛众议院的发言人承认自己电汇欺诈、受贿、退税文件造假。美国一家花生制品公司总裁斯图尔特·帕内尔由于刻意隐瞒公司产品受沙门氏菌感染受到多项重罪指控，被判入狱 28 年。这样的例子数不胜数。

我理解这种贪婪的驱使。我自己就经营着一家大型咨询公司，经常会受到各种诱惑，比如想要偷工减料或者捏造事实。只要稍有放松，我每天都可能落入那样的陷阱。我手里有所有客户的保密信息，我必须竭尽全力保证不向任何人透露这些信息，包括我最亲近的家人。我就是做我该做的事情，因为客户信任我。如果连我自己都不信任自己，我如何能向他们出售我的服务呢？所以我从来不会这么做，我的客户也知道这一点。否则就正好成了直截了当的对立面，也就是不诚实、不合法和不公平。也许我在这段时间之内会获取更多利益，但是我的正直以及我所支持的一切都会被污染。个人的成功不仅和财富有关，更关乎自尊和操守。

当一个人在面临恐惧的时候，可能不太容易做到直截了当。这是导致人们不能做到坦诚的第二个原因。不仅在公司如此，在我们的社交活动中和家庭内部也是如此。害怕来临的时候，透明和开放度就会急剧下降。我们会因此隐瞒真相，或者隐藏情绪。我们会营造一个虚假的形象来掩盖真相，比如我们的外表多么好看，我们有多么聪明能干，或者我们挣多少钱，等等。最终导致我们生活在一个虚假的世界里，而忽略了诚实坦率的重要性。

尼克极端的处事风格让他的团队充满恐惧，不敢说出自己真实的想法。福特汽车公司之前的首席执行官导致管理人员不敢直言产品、系统和运营的问题。我怀疑我去的那家酒店的前台经理也是因为害怕上司生气，才会对我撒谎。

恐惧也同样会在我们的日常生活中损害诚信。我生气的时候，孩子们就会害怕。我是个重视效率的人，因为那就是我的工作，所以我经常会要求自己的女儿万事都做到完美。但是我忘记了她才十几岁。我忘记了，我在她那个年纪的时候，远不如她现在做得好。我出生于孟加拉一个中低产阶层家庭。我付出了很大的努力，才取得今天的成就。而我的女儿出生时家庭已经比较富裕，可是生下来就享有很多我所没有的特权并不是她的错。当我觉得她不够努力的时候，我会表达出我的不满，而她就会逃避我。

后来我意识到自己太过负面，我就提醒自己要回到充满关爱的思维模式。我邀请女儿和我一起散步，我们度过了非常快乐的时光。那个时候我才意识到，她是一个多么优秀的女孩，我有很多需要向她学习的地方。在她了解到我之所以对她那么严厉，是因为我非常想让她取得成功时，她坦诚地向我讲述了她的梦想，还有她犯的错误。她跟我说，她想减少自己花费在社交媒体上的时间。对我来说，我从中学到了很多东西。营造充满害怕和恐惧的氛围会把别人越推越远，他们会因此不再与你坦诚相待。

这种恐惧和疏离，我在很多家公司都曾经感受到，但是很少会有像我和我女儿这样的快乐结局。

有一些人在缺乏开放坦诚的环境里依然能够取得突破。特蕾莎修女从来不向任何人卑躬屈膝，从来不浓妆艳抹，但是人们依旧崇拜她。甘地衣衫褴褛，甚至连鞋都不穿，但是人们依旧拥戴他。史蒂夫·乔布斯在成为亿万富翁之后，也只穿最基本款式的黑色高领 T 恤衫和李维斯牛仔裤，但是人们依然拥戴他。他们从不畏惧表现出真实的自己。《名利场》（*Vanity Fair*）杂志发布了茱莉亚·罗伯茨、布拉德·皮特、奥普拉·温弗瑞及其他名人素面朝天、穿着普通的照片。罗伯茨在 Instagram 上传了自己没有化妆的照片，那张照片成了网络热点。她说："追求完美是一个国家的顽疾。我知道我的脸上有皱纹，但是我希望你们能看见皱纹之外的东西。我喜欢真实的自己，我也希望你们能热爱真实的自己、喜欢这样的自己。”我很少读到这样让我感到震撼的文字。

导致人们不能坦诚相待的第三个原因就是骄傲，也就是以自我为中心。这个问题在很多企业中都非常严重。他们还试图把这个问题掩藏起来：“我怎么能告诉别人我有那个问题呢？他们会瞧不起我的。他们会我觉得我很差劲。”

曾经有一篇杂志文章，赞扬我为某家制造业公司节省了 5 000 万美元的资金。我把它发给另一家公司的产品研发经理，请求和他会面。见面之后，我告诉他，我同样可以为他们公司节省 5 000 万美元。

“苏比尔，”他说，“我不太相信。我们公司现在运营得很好。我知道那家公司。我觉得这个数据也许是假的。”

他的反应让我大吃一惊：“你说数据造假，是什么意思？你觉得我会容忍这种行为吗？”

他赶紧道歉：“不是这样的，对不起。你是说他们真的取得了这样的业绩？”

我告诉他，绝对是真的。

他还是那句话："我们公司不需要。"

我对他的话表示怀疑。公司的方方面面都很好吗？还是他太过骄傲，不想承认自己和团队需要帮助？

于是我问他："你的意思是，你没有什么需要改善的地方？没有什么浪费资金的流程？你说的是这个意思吗？"

"不是，我不是这个意思。"他回答道。

"既然是这样，为什么不接受我的帮助？你是产品研发部门的主管。你连问题都不敢承认，是不是不敢承认自己需要帮助？"

他垂下眼帘，最后点了点头，说："是的。"

如果我们不敢面对自己的问题，那么我们就会生活在一个虚构的世界里。这是一种源于骄傲的欺骗形式。我发现不仅企业的高层有这个问题，企业的各个层级都存在着这样的问题。

骄傲让我们觉得"我不知道"难以启齿。如果别人问我一个很难的质量问题，而我又不知道答案的时候，我觉得我有责任承认"我不知道"。我知道有些人会想：搞什么？你可是质量专家。我是质量专家，但我不是全能的。

我不可能知道所有问题的答案。遇到那种情况，我会付出三倍的努力去寻找答案。

根据我的经验，成功人士并不惧怕说出“我不知道”四个字。他们不会因为骄傲而让自己陷入欺骗的深渊。

事实上，如果你能做到真诚坦率、直截了当，你不但会更加成功，还会得到更多的乐趣。而如果做不到，你就会生活在恐惧之中。要想摆脱这种恐惧，就要勇敢诚实地说出心中所想。随之而来的自由感就是乐趣。恐惧是一种极端的人类情感，而快乐和乐趣则处于另一端。和女儿修复关系之后，我觉得非常快乐。我敢打赌，尼克在整个职业生涯中都没有享受到多少乐趣。福特公司的高层管理人员在隐藏公司问题的时候也一定不快乐。我也不觉得酒店前台经理和我撒谎说管道坏了的时候是快乐的。

无论身在何处，我都尽量让自己的工作充满乐趣。在任何时候，我都非常坦诚直接，我发现，别人也很喜欢我的这种直率。我从来不想方设法让别人知道我有多聪明。我享受做我自己。

不久之前，我受邀和其他 10 位知名高管及咨询师一起会见某企业的高层领导团队，这家企业为低收入国家提供经济援助。会议持续了两天，重点是全世界的饥饿问题。我很高兴地发现，大家都非常坦率。第一天晚上，公司总裁讲述了极端贫穷的定义：日收入低于 1.25 美元。他告诉我们，全世界至少有 15 亿人的收入低于那个水平。

第二天，我们讨论如何消除极端贫困的问题。我觉得那个讨论非常有意义。最后一天上午，他们给每人发了一个大文件夹，里面有 70 页资料，其中有 20 页是各种讲座的幻灯片打印资料，其余 50 页是所有参会人员的简介。其中有一个人的简介长达 19 页。

考虑到浪费纸张这个现象，以及此次会议的目的，我当着全体人员的面说："为什么文件夹里有 50 页的人员介绍呢？这些信息在开会之前就已经发到大家的邮箱了。我们都已经知道这些信息了。这 50 页的成本加上准备这些资料所花费的时间，我觉得都可以让 20 人吃顿饱饭了。"

其他人都马上表示同意，随后我们展开了对公司低效问题的积极讨论。

周六晚上我回了家。接下来的两天，我收到很多参会人员的邀请，他们希望能和我见面，单独谈一下。这是为什么呢？和我一起去机场的一位参会人员跟我说：“苏比尔，你这个人非常坦率诚实，和你在一起心情非常舒畅。”他的话让我高兴了一整天。

在确诊患癌之后，尼克的思维模式和行为发生了巨大改变。在他得知自己即将死亡之后，许多我们以前谈论过的事情最终得以解决。我和他每周见一次面。他经常问我，那些他以前对不起的人会不会原谅他。我问他，为什么想要得到谅解，然后让他说一下他到底做错了什么事。我认为这是一种很好的心理宣泄。他通常会变得非常安静。他没告诉我除了奥黛丽，他是不是还联系过其他人。也许对他来说，这就足够了。但是我知道，他用自己的方式修复了和同事、下属及供应商之间的关系，而他以前对这些人非常苛刻。他开始把那些有过长期合作的供应商当成商业伙伴，而不是商贩。

奥黛丽在尼克的葬礼上哭了。公司里和尼克共过事的人参加了他的葬礼，有些人说尼克是他们见过的最优秀的高管。

我忍不住想，如果尼克在确诊癌症之前就一直这么诚实坦率，他的生活会不会快乐得多？会不会更成功？会不会有更多的乐趣？我知道，在他生命结束的时候，他并不是为自己做过的所有事情都感到自豪。

尼克的妻子对他们已经成年的孩子说，我是尼克的导师。和尼克会谈的时候，我从来没觉得他把我当成导师，但是我确实感觉到尼克的人生发生了重大改变。生命快要走到尽头的时候，他继续工作了六个月，比之前预料的时间长了很多。很多人说他把自己的职业生涯做到了极致。他对公司里的无数人产生了正面积极的影响，包括公司的供应商。我知道他对自己生命最后几个月的行为感到非常骄傲，甚至比之前几十年的感觉都要好。我只是遗憾他没能早点这么做。

无论对个人还是公司，欺骗都会带来无法估量的损失。有调查表明，在美国，大约有25％的成年人对保险公司虚报索赔价值。每年，个人财产和人身伤害索赔造假高达240亿美元。“退货诈骗”，也就是先购买，使用之后再退货，曾经一度使零售商损失160亿美元。根据国家税务局的估计，个人实际缴税额和应缴税额之间，每年相差

3 530 亿美元。另一项令人瞠目的统计——88%年龄在8～18 岁的孩子知道分享下载的音乐是违法的，但是依然有 56%的人照做不误。

我们每个人都可以选择是否要度过真诚坦率的一生——是正直的一生，还是充满欺骗和谎言的一生。选择权就在我们自己手中。那么就让我用以下两个问题结束这一章，让你明白直截了当对于培养关爱的思维模式有多么重要：

1. 因为不敢诚实坦率而寻求捷径，会让你损失掉什么？

2. 目前的你是一个敢于说真话的人吗？你要等到什么时候才打算变成那样的人？

第三章

一杯水的力量

当心智纯净时，喜悦像影子一样跟随，永不离开。

——释迦牟尼

忙碌的一周开始了，我登上从洛杉矶飞往底特律的飞机，在一个靠过道的座位上坐好，心里对即将和我会面的客户充满了感激之情，因为他为我支付了头等舱的机票。一个身穿炭灰色西装、胡子精心修剪过的年轻人把行李放进上面的行李舱，再把外套叠好，放在滚轮包上面，然后坐在过道的另一边。一位空中小姐为大家送上饮料。我要了水。那个年轻人什么也没要。

拥有关爱思维模式的人，第二个特点就是关切用心。我所说的“关切用心”指的是，对他人细心体贴、无私，并且乐于助人。如果我们能够让自己站在他人的立场上，或者从他人的角度看待问题，然后为了他人的利益做出行动，也就是说，当我们对他人怀有同理心的时候，我们就是关切用心的。

空乘人员为头等舱的客人拿饮料的时候，其他舱位的乘客开始登机。其中有一位年纪比较大的乘客看上去很虚弱，白发稀疏。他坐在隔开头等舱和经济舱的隔间后面的第一排。乘务员服务完头等舱的乘客之后，在那个人附近停留了一下。他抬起头，向她要一杯水。乘务员解释说，飞机起飞后才能为经济舱提供餐饮服务。

他依然坚持自己的请求，说："我很渴。你可不可以给我一杯水?"乘务员再次拒绝了他的请求，口气还是和刚才一样生硬，毫无感情。她的声音就好像机器人一样。很显然，她根本不在乎这位上了年纪的乘客是不是口渴，她只知道提供这杯水是"违反规定"的。我知道她是在遵守航空公司的规定，但是她拒绝这位老人的请求还是让人既吃惊又厌恶。头等舱的其他乘客也觉得有些不安。大家面面相觑，希望能找到和自己想法一致的人，但是没有人站起来对乘务员说任何话。突然，坐在过道另一边的年轻人起身走向厨房，拿回来一杯水。他把水递给那个老人，然后回到自己的座位上，对乘务员的目光毫不在意。乘务员目瞪口呆，而且似乎对这位年轻人的做法很不满意。其他坐在老人附近的乘客目睹了这一过程，都为年轻人叫好。我虽然为老人感到宽慰，却也有一些内疚，因为自己没有去为老人拿这杯水。我在心里暗暗发誓，以后要像这个年轻人一样关切用心，并且落实到行动上。

有一次去印度，我在西孟加拉邦的首府加尔各答叫了一辆出租车，当时遇上了堵车。加尔各答曾经是印度最重要的城市，现在却常年遭受经济衰退的打击。它最出名的就是拥挤的人群、恶臭的贫民窟、黄包车，还有曾经住在这里的特蕾莎修女。那个地方混乱不堪，那里的交通、噪声、色彩，还有最富的富人和最穷的穷人擦肩而过，构成了一幅极度不和谐的画面。这个城市浓烈的噪声、气味还有颜色无时无刻不刺激着你的感官。

我的出租车沿着一条满是行人的街道徐徐前进。我们的前面有一辆奔驰车，后面是一辆黄包车、一头牛、一辆超载的公交车，还有大声嚷嚷的商贩，而街道两边的摩托车轰隆隆地驶过。有一个人衣衫褴褛，睡在人行道上，身下是一条肮脏的毯子。透过车窗，我看见一个全身赤裸的孩子，七八岁的样子，把手伸进下水道。

我问出租车司机，那个孩子在干什么。

司机跟我说："先生，别看了。不用管它。"我很惊讶，他居然称那个孩子为"它"。

我说："不是这样的。我想知道，他在干什么？"

他再一次让我不要理会。

我有些生气，跟他说："我就在这里下车。"

下车之后，我用当地语言问这个小孩在干什么。

他说："先生，我想看看这里面有没有吃的。"

"什么吃的？"我问道。

他说："我在这里挖出过吃的，洗干净然后吃掉了。"

我目瞪口呆。我不知道该说些什么。我大概呆了几秒钟，但是我感觉时间更长。

我回过神来，带着这孩子去了附近的糖果店，我对柜台后面的人说："不管这孩子想要什么，拿给他就是了。"他挑了几样东西，我付了钱，然后我们就离开了。我刚才坐的那辆出租车并没有开远，所以我又坐上去了。

带着孩子去商店之前，我没有想太多。就好像飞机上的那个年轻人一样，只是一瞬间的反应。我在孟加拉度过童年时期，我目睹过极端的贫穷。我知道任何人，如果没有饿到一定程度，是不会去下水道找吃的的。如果有人非常饥饿又买不起吃的，而我买得起，难道我不应该帮助他们吗？当然了，我知道我不可能喂饱全世界饿肚子的人。但是在那一瞬间，我有责任帮助那个孩子。仅此而已。在那一刻，我有能力为我周围的世界带来一点点正面的力量，就好像飞机上那个年轻人为老人做的事。

我相信每个人都有过这样的瞬间，虽然不一定是这么极端或者戏剧化。打个比方，这些瞬间就好像某个同事、朋友或者家人在困难的时候把手伸进下水道，寻找他们需要的东西，或者只是需要“一杯水”。这些瞬间是我们表现关切用心的机会：对他人细心关怀，关切用心，无私地为他们提供安慰或者帮助。

芭芭拉是我的朋友肯特的妻子，她的后背受了伤，因为很疼，就去看了一个顶级医生。医生告诉她说，她的椎间盘有问题，需要手术。她推迟了八个月，直到疼得连腰都直不起来。那个时候，医生警告她说：“明天早上 6 点，你必须来做手术。”第二天，她做了手术。

芭芭拉做手术的时候，肯特在等待间待着。45 分钟后，医生派了一名护士告诉他："手术还需要 45 分钟，但是医生一定会让你妻子的疼痛消失的。"

手术完成之后，医生走进等待间，告诉肯特一切顺利，芭芭拉现在在康复区。肯特和这位医生认识，他们有一些共同的朋友，有时候会在一些社交场合碰面。

肯特对医生说："谢谢你中途告诉我芭芭拉会好起来。谢谢你派护士过来安慰我。"

医生说："通常我的手术都需要四五小时，甚至更长。所以我心里一直记挂着病人家属。我知道他们很担心，很紧张。所以我会尽自己最大的努力，让他们知道手术的进展。"

接着，肯特问了一个问题："你让护士出来通知我是特意为我做的，还是你对谁都会这么做？是医生培训课程里教的，还是医院的规定？换句话说，别的医生会这么做吗？"

医生微笑了一下说："不，这不是医院的规定，培训课程也没这么教。我只是觉得这么做比较关切用心，我对所有的病人都会这么做，而不是只对那些私底下和我有交情的病人。"

要做到关切用心，需要两个步骤。第一步是倾听，第二步是同理心。倾听很重要：在工作上倾听客户和员工；在家里倾听配偶和孩子；在个人生活上倾听医生、年长者、值得信任的朋友或者专家。一项有关倾听能力的研究（应该有很多这方面的研究）表明，在和他人交流的时候，我们有45%的时间是在倾听，但是研究的结果因人而异。比如，一项1980年的研究显示，美国的大学生在与他人交流的时候，有53%的时间是在倾听，而另一项2006年的研究结果却表明，倾听时间只有24%。

虽然结果大不相同，我倒是得出了两个结论。第一，倾听是我们使用最频繁的交流技巧。第二，我们不善于倾听。一项研究表明，普通人有效的倾听率只有25%。另一项参与人数超过8 000人的研究表明，几乎所有人都认为自己比他们的同事更善于倾听。但那是不可能的，因为不可能所有人都达到平均值或在平均值以上。

无论我们花费了多少时间倾听，我认为所有人都会认同一点：倾听是一项非常重要的技巧，而我们做得还不够。不会倾听，就不可能做到关切用心。而我们大多数人却不认为自己需要提高倾听技巧，我们高估了自己有目的并且关切用心地倾听他人的能力。我们总是犯这样的错误：我们漫不经心地听别人说话，以为自己明白他们在说什么，但事实上，我们只是在想，轮到我们自己说的时候该说些什么。

说到底，真心实意倾听他人的能力掌握在我们自己手中。我们都可以提高自己倾听的能力。

有目的地倾听不仅指听见他人说什么，更重要的是，把自己放置在他人的立场上。做到这一点需要同理心和理解。如果只是觉得自己明白了对方在说些什么，而没有尝试着尽量理解他们的意思，那么称不上是一个好的倾听者。可是这样的情形在我的职业生涯中屡见不鲜，尤其是那些才智过人的管理者们。他们总是非常忙碌，所以很少理解别人在说什么。结果，他们在没有完全了解情况的时候就匆忙下了结论。为什么呢？因为他们没有有目的地认真听别人说话。

朱利安·特雷热是一位管理咨询师，也是《声音商业》（*Sound Business*）的作者。他说，每个人身上都有看不见的过滤器，影响了我们倾听他人的能力。这些过滤器包括文化背景、价值观和期待值。它们并不影响我们听见别人的话语，但是它们会限制我们理解别人的能力。特雷热列出了七个限制我们倾听的过滤器：文化、语言、价值观、信仰、人生观、期望值和目的。他呼吁大家要有意识地倾听：意识到我们自己的过滤器影响了我们充分倾听他人的能力。

举个例子，你的某个同事早上上班迟到，下班时又早退。而且他上班的时候表现也不是很好，导致你的团队或者部门需要完成额外的工作。也就是说，他没有达到你的期望值，也就是特雷热所说的过滤器之一。再假设这个同事的种族文化背景和你不一样，也就是另一个过滤器。带着这些过滤器，你可能会立刻下结论说，他是故意这么做的，从而感到非常生气和愤恨，因为你的期望值很高，你个人认为勤奋是非常可贵的品质。也许因为他是让你持怀疑态度的“那些人”中的一个，或者因为你和他的文化背景不一样，而不管他是不是做了什么错事。

如果你意识到了自己的过滤器，并且打算不让它们影响你对他的了解，那么你也许就会知道，他正在处理一个非常棘手但是很短暂的家庭危机。了解到这个情况，也许你就会原谅他，说不定还会主动向他提供帮助，比如让他这段时间有比较灵活的工作时间。

真正的倾听，不只是听见别人说的话，还要注意话语背后的意思，并且观察入微。我在加尔各答的街头注意到那个孩子，就是这样一种带有观察和理解的“倾听”。所以我才会下了出租车，去询问那个孩子。真正的倾听包含听、观察、同理心和理解。

多年来和各种规模的企业打交道的经验告诉我，大多数人在职场上没有做到真正的倾听。这个问题在高级管理层尤为严重。经理和高管们不能正确地互相倾听，也不听底下的人说些什么，会议或者讨论结束之后，还是一脸迷惑。下面讲个例子。

前些时候，我和一位企业高管一起参加了一个会议，他是我的一个客户。我没有参加会议讨论，只是旁听。会后，我跟他说，有一个发言人说的话我不太明白。

我问他：“你明白吗？”

“不明白。”他坦白道。他只是为了面子假装自己听懂了。

我跟他说："如果你没明白，为什么不问呢？为什么要假装自己听懂了？"

他没说话。

"我觉得是你的自尊心在作祟。你想让自己显得很聪明，显得自己都听明白了，即便你其实没明白。"

讽刺的是，真正聪明和成就卓著的人并不害怕承认自己没听懂。他们知道怎样倾听，并且尝试着理解他们听到的东西。这位高管并没有真正倾听。也许他当时正在幻想自己度假或者过周末的情景。但更糟糕的是，他没有勇气承认"我没明白"。我猜会议室里还有其他人"没明白"。

我留意到演讲者在讲台上发言的时候，有几个人在摆弄自己的手机或者平板电脑。他们怎么可能在注意力分散的情况下有目的地认真倾听呢？

我认为，每个人，当然包括每个经理人，应该问自己这三个问题，看看自己是不是在真正地倾听他人：

第一个问题：你有没有从办公桌前站起来，走到过道和其他楼层？

要想知道有什么事情发生了，你必须前往事发地点。

你必须走向客户、走进工厂，或者去销售楼层看一看，或者去其他有问题的地方。

前不久，我和一些高管共进午餐。这些高管来自不同的行业，我问其中一家食品公司的首席执行官："哪个年龄层的人吃麦片最多?"

"这个问题很好。"他回答说，然后把这个问题抛给餐桌旁的其他高管。

有一个人充满自信地说，儿童是最大的消费群体，其他人都点头表示同意。从公司的产品包装似乎就能看出来，它的目的是吸引儿童。

但是令我惊讶的是，那位首席执行官表示不同意："不对，你们都错了。正确答案是婴儿潮时代（1946—1964）出生的人，他们消耗的麦片比儿童更多。"

我问他："好吧。你曾经和多少婴儿潮出生的人交谈过呢?"那位高管大约 50 岁。

他立刻开始为自己辩护。他说他是公司的首席执行官，他的工作不是和消费者见面。我又问他："你上个星期、上个月、去年，都分别见过多少消费者?"

他很不情愿地跟我说："一个都没有。"看来他全靠看报告了解数据。我让他问问管理团队的成员，有没有任何人和客户进行过直接对话。一个都没有。

他经营着一家价值几十亿美元的食品公司，而一切数据都建立在未经证实的猜想之上。由于我的疑问，他和他的团队开始参观出售公司产品的零售店，以便和客户进行直接交谈。只有当他们开始倾听的时候，他们才知道谁是他们真正的客户，以及客户的需求到底是什么。要想了解真相，就必须前往事发地点。了解真相始于倾听。

还有一次，我问几位汽车公司的高管，他们最近有没有买过车，如果买过的话，是什么样的经历。我其实早就知道答案。答案当然就是最近没人买过车，因为他们的车都是公司提供的。

我告诉他们："去找一家你们的汽车经销商，假装你要买车。看看你会得到什么样的待遇。你得到的待遇是你想要的吗？然后再去找一家你们对手公司的汽车经销商，看看他们是怎么对待你的。还是那句话，要想找到正确答案，就必须前往事发地点。"这个建议非常直接明了，但还是有那么多人连这个基本的功课都不做，他们拒绝离开舒适安全的办公区，这让我非常吃惊。

对我而言，比尔·盖茨夫妇树立了一个绝佳的榜样，告诉我们高管应该前往基层。很多非营利机构由于资金短缺，很难拿出很高的收入比例用于它们所服务的事业。它们筹到的资金大约有30%或者更多用于维持运营，也就是说，你捐出去的每一美元，大约最多只有70美分到达受助者手里。盖茨基金会却将收入的很大一部分拿出来帮助那些有需要的人，其中一个原因就是，比尔·盖茨和他的妻子梅琳达经常前往他们捐助的国家。

比尔·盖茨这样描述他第一次去非洲的经历：

> 那次的经历让我非常难忘。从非洲回来不久，我和梅琳达得知非洲有几百万贫穷儿童因为疾病濒临死亡，而这些疾病在美国早已绝迹，比如麻疹、乙肝、黄热病。每年有接近50万名儿童死于轮状病毒，而这种病我连听都没听说过。我们认为，既然有几百万名儿童濒临死亡，那么一定会有来自全世界的大量救援物资帮助他们。但是，事实并非如此。

盖茨基金会自此建立了一个系统，用来确保能够从药品公司购买治疗这些疾病的药物。

比尔·盖茨最后说："只有亲眼所见，才能明白事情的真相。"

第二个问题：和别人交谈的时候，是不是大多数时候或者几乎所有时候都是你在说话？

你说的时候就没办法听。我有个非常聪明又精通业务的同事，每次和客户见面都是滔滔不绝。他听不进任何东西，也没办法解决他想要解决的问题。认识我的人都知道我也爱说话。但是作为咨询师，倾听是一项基本功。如果不倾听客户，我就没办法了解他们。和高管们初次见面的时候，他们总是期待我一直说话。实际上，我总是让他们说，我听。只有当我有能力确定该怎么做，并且能产生价值的时候，我才会开口。

倾听是学习的过程。不听就无法学习。马歇尔·戈德史密斯是一位著名的高管培训师，也是我的好朋友。他建议那些不习惯倾听的人这样做：停下来，深呼吸，然后让别人说话。

第三个问题：你对其他人有同理心吗？

有同理心是实现关切用心的第二步，也是本章剩余部分的核心。

拥有同理心指的是尝试理解他人的感受、想法或者态度。飞机上的年轻人对要水的老人有同理心，他知道口渴和无助的感觉。我对加尔各答街头的小孩有同理心。我之前提到的医生对病人的家属也有同理心。

同理心包含四方面。第一方面，要明白没有人是万能的，我们谁也不可能包罗万象。我没办法喂饱全印度或全世界所有无家可归的小孩，但是有一天，我可以喂饱加尔各答的一个小孩。我们都需要别人的帮助。

我的管家告诉我们，她和她的家人决定搬离他们居住的城市。也就是说，她会离开我们。她跟我们说的时候哭了，我和妻子也非常难过。她就像我们家庭的一分子，她积极的态度一直影响着我们的生活。我祝福她一切顺利，并且跟她说，如果事情不顺利，欢迎她随时回来。她走了以后，我开始做那些她以前做过的事情。相信我，那些事可真不容易。

我刚到美国的时候，带着我的本科学历和一包衣服。那个时候，我过得还比不上我的管家。由于我的勤奋、毅力、好运，还有他人的帮助，我终于获得了成功，过上了富裕的生活。但正是因为我之前有过那样的经历，我非常尊重像管家那样的人，尊重她的工作和她坚强的性格。我可以对她产生同理心，因为我曾经一度处于她的境地。

我很不愿意看到她离开，因为她的工作做得非常好，而且我知道她很喜欢为我们工作。我们也喜欢把她当成家里的一分子。但是我理解，她的家人想要搬离这个城市过上更好的生活。而我也曾经换过好几个地方，所以我理解她的决定。这就是真正的同理心。当你对别人有同理心的时候，你就不在乎对方是谁，或者对方是做什么的。我知道，和我交往过的每个人都是有价值的，都值得我对他们施以同理心，无论是管家、理发师，还是邮递员、开着卡车清扫街道的清洁工，或是我的客户，我需要每一个人，社会也需要这些人。没有什么人比其他人不重要。同理心要求我们，必须把每一个人当成和我们一样的人来看待，他们和我们一样，都在为社区、社会和国家做贡献。我们是不可分割、互相影响的。

关于同理心的第二方面，要知道，我们太多时候都是以自我为中心的，我们必须把“我，我，我”转换成“你，你，你”。要知道，我们生活中不是只有自己，还有别人。

我前面讲过尼克的故事，尼克就是一个典型的只知道“我，我，我”的人。他只知道关心自己，以至于把别人的功劳据为己有。

2015 年，美国人给慈善事业捐助了大约 360 亿美元。这是我的第二故乡做的最不了不起的事情之一。帮助别人是我们文化的一部分，是流淌在我们血液里的东西。我希望像这样的事情，我们能继续做下去。可是不管怎么说，我们生活的世界还是过于以自我为中心了。

在理查·基尔主演的电影《被遗忘的时光》（*Time Out of Mind*）里，基尔扮演一个纽约街头的流浪汉，头发凌乱，胡子拉碴，衣冠不整。他沿街乞讨，从垃圾箱里寻找食物，露宿街头。提起这段拍摄经历，基尔说道：

> 起初我特别紧张，但是很快我发现，根本没人注意到我，完全没有。我明白，附近两三个街区的人都在无意识，甚至是有意识地想：“那边有个要饭的，他可能要骚扰我，问我要钱。我是不会给他钱的。但是不给钱，我又会觉得内疚。为什么这个人要让我感到内疚呢？我讨厌这家伙。”我能感觉到他们的愤怒和他们情绪的起伏。我进而感觉到，人们看待我，就

像一个会把他们吸进去的黑洞，一个代表着失败的黑洞。

拍摄这部电影对于基尔和导演欧伦·穆夫曼来说，都是一次难得的经历。穆夫曼说：“这部电影让我学会了承认人性有多么重要。”理查·基尔说：“没错，你给他一美元，但不是因为如果不给你会内疚，而是真心认为‘你是我的兄弟姐妹，我希望你过得好一点’。”

“你是我的兄弟姐妹，我希望你过得好一点”，好好想想这句话。工作的时候，和家人朋友交流的时候，都时刻牢记着它。在职场上，你对公司底层的员工是否关切用心？你对挥手召过来的出租车司机，或者夜晚翻垃圾的人，是否关切用心？只有当你转而为他人着想，想的是“你”，而不是“我”，同理心才可能在你的生活中生根发芽。每天都做到这样实属不易，但是只有这样做，才能建立起关爱的思维模式。

我公司里有一位非常优秀的员工，为了实现梦想，去了一家对手公司。他辞职的时候，我非常沮丧，但是我尽量让自己大方地接受他的辞职。我告诉他，我希望他事业更加成功，生活更加快乐。六个月后，有几个同事跟我说，他想回来。起初我压根不想让他回来，这是我的自尊心在作祟。但是最后我觉得，自己至少应该听听他的说辞。

一个秋天的晚上，下班之后，我和他见面。我问他，为什么想离开他之前所谓的“梦想公司”。他看着我，跟我说：“苏比尔，你的公司把我当人对待，而我目前的老板把我当成机器。”

我问他这是什么意思，他说：“如果我今天死了，你，以及整个公司，都会参加我的葬礼。但是我现在所在的公司不会有任何人出席。比起金钱，我更加需要一个充满关爱的集体带给我的同理心。”

他那样评价我们的公司，我很开心。我欢迎他回来。这件事再一次提醒我，同理心的力量多么伟大。

同理心的第三方面是，要知道我们都是宇宙中一个很小的点。我很幸运，我的房子面朝太平洋。每当我看着海面的时候，我就感觉到自己是何等渺小。我的同事和朋友都觉得我是个充满活力的人。但当我看着太平洋的时候，我感觉自己非常渺小。同时我也因此受到鼓舞，感觉到自己在这个世界的渺小恰恰给我带来了能量。它激励我挑战自己，接受自己不够好的事实，也接受自己没有对这个世界做出足够多贡献的事实。我没有为这个世界带来足够的影响。我没有为自己周围的世界增加足够的价值。我的谦卑不是因为我觉得自己多么重要，而是比起浩瀚无边的宇宙，我是多么渺小和微不足道。最终，我相信谦卑会塑造我们，让我们变得无私。

前美式橄榄球联盟的外接员布伦特·塞莱克就是个很无私的人。2013 年 12 月，费城老鹰队和底特律雄狮队在一次美式橄榄球联盟赛中受到暴雪天气的袭击，比赛过程中，地上积了 8 英寸（约为 20 厘米）厚的雪。距离比赛结束还有 2 分钟的时候，积雪已经没过了球员的脚踝。费城老鹰队领先 14 分，而球距离球门还有 37 码（约为 54 米）。从实际角度来说，球赛已经结束了。费城老鹰队的四分卫尼克·福斯和同是费城老鹰队的塞莱克触身，塞莱克本来可以稳稳地触底得分，他本可以在最后一刻得分。但是，作为一名有极好声誉的无私的球员，他放弃了得分，他选择在雪地上滑行，等待另一名底特律球员和他触身，结束比赛。老鹰队消耗掉了剩余的时间。

比赛结束后，塞莱克说，在比赛前他就已经有了这样的决定。如果他得分了，然后老鹰队再次开球，那么可能就会有人在雪地上在这样毫无意义的比赛中而受伤。这就是无私的举动。塞莱克没能在简历上加上触底得分这一笔。他说："再说了，在雪地上滑行多好玩啊。"

我发现，我从孩子身上学到了很多珍贵的东西。我问一个学龄儿童，什么是同理心。我知道他刚刚完成了一个有关同理心的学校作业。

他是这么说的："如果我们在玩耍的时候，有人摔倒了，无论我们玩得有多开心，如果有人过去帮助他，照顾那个人，或者把护士叫过来，我觉得这就是同理心。"对我来说，这是对关爱思维模式的最佳描述。

他认为同理心就是"善意"。这是打算重点讨论的有关同理心的第四方面。善意是一种行动，它是同理心的实践部分。我试着每天都在工作中实践它。

我有一家客户公司，公司的首席执行官打电话给我，说可能要和我终止合同。他的公司拖欠了我六个月的费用。他跟我说，他的公司可能要宣布破产。

我跟他说，别担心我，我担心的倒是他和他的公司。我告诉他，我父亲教导我，我们都有责任帮助有困难的人。我主动要求继续为他提供服务，虽然我知道一旦他的公司宣布破产，我会损失所有的费用。

他对我的举动不太理解，但还是不情愿地接受了。虽然无论我怎么努力，公司最后还是宣布破产，但是，令我惊讶的是，在公司宣布破产的 24 小时之前，他硬是付清了我的所有费用。后来我听说，他还照顾到了其他一些为他工作的供应商。这么做真的是难以想象的善良和体贴，也许是我对他的同理心，让他对供应商也产生了同理心。

我还想再分享一个有关关切用心的故事。我的第一份工作是在一家公司做高级软件工程师，当时我和我的团队经常要加班加点工作。我被指派带着公司团队参加第一届东南亚苹果世界会议，其他很多公司也会展示它们的作品。除了负责软件展示，我还要负责展位设计和演示创作。那个时候，我有很多朋友在附近的医学院读书。还有一个朋友正好是搞艺术的，他和几个朋友主动提出帮我们把展示设计得出类拔萃。我非常感激，也很兴奋，因为我特别想赢得最佳演示大奖。

为了我们的演示，我连续几周每天工作 18～20 小时。有一天晚上，大约 11 点的时候，公司的管理人员来到我的办公室，当时我正和朋友热烈地讨论项目的事情。管理人员之前已经来过四次了。他非常礼貌地跟我说："先生，你还没有吃晚饭。需不需要我给你和你的朋友们拿些吃的过来？如果不吃饭，你就无法达到最佳状态。"

我再一次告诉他，不用担心我们，并且让他回家睡觉。他没有按我说的去做，而是拨通了公司首席执行官的电话，跟他说了这个情况。到了半夜 12 点，公司的所有人以及首席执行官出现在我的办公室，为我们提供了一顿丰盛的晚餐！他告诉我们，管理人员打电话说了他对我们健康的担忧之后，他母亲亲自为我们做了这顿饭。我们都不知道该说什么好了。

对我而言，管理人员和首席执行官都很好地展现了关切用心的含义：他们不仅有同理心，而且采取行动。他们愿意花时间听取我们的需求（食物），虽然我坚持说没问题。他们对待我们的方式就好像我们很特别，并且表达了他们的同情和关怀，而且两个人都没有期待任何回报。

这件事情我现在想起来，还是觉得很感动。真正的关切用心和关爱的思维模式不是由某个人在公司的地位决定的。总的来说，管理人员和首席执行官让我明白了什么是真正的关切用心。

再补充一句，我们最后真的赢得了最佳演示奖。

对于关切用心的讨论，我总结如下：

1. 目前在你的生活中，无论是家庭还是工作上，有没有人需要“一杯水”，或者有没有人非常绝望地“把手伸到下水道”，寻找情感上的支持？你打算怎样表达自己的同理心和关切用心？

2. 在你的家庭、工作或者社区，有没有什么你觉得无法表达同理心的人？如果有的话，你是否真的倾听了那个人呢？

3. 你愿不愿意用别人的眼睛看待这个世界？

第四章

承担责任

不要等待领袖出现，自己去做。

——特蕾莎修女

在我女儿以前读书的学校，有一位老师曾经给她发了一封非常严厉的邮件。我女儿当时只有 11 岁，她非常气恼，我也感到非常震惊。我不能理解，作为老师，怎么能对一个六年级的孩子写出这样的邮件。那天我决定了两件事：第一，我不打算为老师冒犯我女儿的事承担责任；第二，我决定让学校为此事承担责任。

我所谓的“承担责任”，指的是对于有责任和义务的事情，承担某些行为和不作为的责任。承担责任是关爱思维模式的第三个元素，是 STAR 缩写里的第三个字母。如果你为自己的行为承担责任，不管是好的行为还是坏的行为，那么你就是有担当的。

如果女儿受到正当的批评，我并无异议。前面我也说过，我是一个非常严厉的父亲。但是这位老师的邮件实在是太过分了，我的第一反应和其他大多数父母是一样的：想冲到学校投诉老师。但是，我决定不那么做。我和学校的发展主任预约了会面。我向他读了这封邮件，但是没有提老师的名字。

我问他："你觉得这位老师发这样的邮件对吗？"

他毫不犹豫地回答道："当然不对。"

这所学校和其他很多学校一样，有一套为之奋斗的核心价值观：尊重、关爱、成就、公民意识，以及学习。父母一再被告知，这些价值观对于学校、学生、老师和父母有多么重要。

"你们最后一次培训老师关于核心价值观是什么时候？"我问道。

他有些防范地问我，这个问题是什么意思。

我解释说："你们学校有一套规则。我明白我们都是普通人，不可能时刻遵守这些价值观，因为没有人是完美的。所以我们需要经常被提醒，知道自己应该怎样做才能遵守这些价值观。所以我的问题是，你们最后一次提醒老师们这些价值观，以及这些价值观的含义，是什么时候？最后一次培训是什么时候？”

虽然有些恼怒，但他还是忍住怒气，对我说：“不记得了。”

我跟他说，既然他不记得老师们最后一次学习学校的核心价值观，或者接受正式培训是在什么时候，那么这封发给我女儿的邮件很可能显示了学校的系统有问题，而他有责任解决这个问题。

接着，我告诉他：“问一下你们的老师，美国最顶尖的老师是谁？你可以让这个人来学校为老师们培训，关于学校的核心价值观及其含义。要是老师们决定了人选，我可以负责所有费用，邀请那个人来学校为老师们进行为期一天的培训，重点培训核心价值观。”发展主任决定接受我的建议。接下来，我们俩一起联系学校的校长，讨论了事情发生的具体经过以及我的建议。几周以后，培训老师确定了下来。我开始安排邀请他来学校给老师和员工讲课。培训非常顺利。我作为活动的赞助人，也听了讲座。更重要的是，我发现老师们对这个活动非常感兴趣，他们纷纷表达了对我的感激之情。我能感觉到他们的感激之情发自内心，因为他们感谢我个人承担责任，并且付诸行动。

想要有责任心，需要五个要素：(1) 意识到有事情需要完成；(2) 个人承担责任；(3) 选择或者决定怎样行动；(4) 仔细思考行动的后果；(5) 设定高期待值。

第一个要素，意识到有事情需要完成。在之前的章节，我说过我注意到加尔各答街头的一个孩子把手伸进下水道，并且认为自己必须为此做些什么。我还说过，某位高管和他的团队很少联系，但是当他意识到自己的责任时，决定采取行动改变这个状况。还有，当我女儿被一封侮辱性的信件惹怒的时候，我也认为自己必须有所行动。

意识到问题，不一定会让人决定采取行动。某个知名的大型财务服务公司的 IT 部门决定对内部网站做一些调整。很快，某个员工打电话说他无法登录。一位 IT 技术人员回应说，要帮他解决这个问题。然后另一个员工打电话汇报了同样的情况，之后一个接一个，都是一样的情况。每次技术人员都会做出回应。但是公司里没有一个人说："我觉得这是系统的问题。我们应该解决这个问题。"

这就是漠不关心的思维模式的典型例子。负责帮助员工登录内部网站的人提供的是权宜之计，而不是解决方案。

由于IT部门的延误，最终导致公司损失500万美元。但是如果有人早一点承担责任，这个问题就可以不花一分钱就轻易解决了。技术人员意识到了问题，但这还远远不够。

第二个要素，个人承担责任。

我们很多时候都在指责别人，却忽略了自己在这个问题或者局势中该负的责任。我知道那个给我女儿发恶意邮件的老师其实是个好老师，甚至可以说非常优秀。也许他那天心情不好。我可以理解，因为我也有心情不好的时候。我或许可以按照自己当时的想法，责问他为什么会发那样的邮件。我当时心情非常沮丧，我怕自己会说出让自己后悔的话。但是，作为学校团体的一分子，我有责任做些事情。

只是认为应该采取行动是不够的。所以，第二个因素还应该思考这样一个问题：我应该怎样改变现状？要想关切用心，我们必须把焦点从“我”变成“你”。我们心里会想着别人。但是说到责任，我们又要将重点放在自己身上：我应该怎么做?

我喜欢住在加利福尼亚的一个原因就是，我在那里遇到的很多人都明白自己个人应该承担的责任。比如说，根据民意测验显示，加州大多数市民认为保护环境是他们个人的责任。无论法律如何规定，也无论州长或者立法者怎么说或者怎么做，如果大多数市民认为保护环境不是他们的责任，那么目标就无法实现。但是加州的市民做到了。我在我的周围也看到了这样的表现，包括我自己的孩子的行为和思想也是如此。在学校里，我的孩子们对于节约用水、空气污染和土地使用方面的环保意识，比他们搬到加州之前要强烈得多。我发现自己也比以前有了更加强烈的环保意识。

可惜的是，我很少在大公司里看到这种个人责任感。大多数时候，人们都是互相指责，寻找别人身上的错误。他们的思维模式通常都是，“这不归我管”。

我和某大型制造企业的副总裁前往他们的一家工厂，我们看见机器前面有一个灯泡坏掉了。副总裁和工厂经理说了这件事。两周以后我又回到工厂，发现灯泡还是没换。工厂经理跟某个人说了这件事，那个人又和另一个人说了，另外那个人又和维修人员说了，而维修人员一个月才换一次灯泡。没有一个人说："现在就把它换了。"这是件很小的事情，但是它说明了一个系统问题。接下来，我讲一个相反的例子。我的编辑和负责迪士尼世界魔幻世界主题公园的人见面。他们边走边聊的时候，魔幻世界的主管丹·考克柔注意到地上有一些垃圾。他没有大吃一惊，而是停下来把垃圾捡起来扔进垃圾箱。这就是对自己工作的场合承担责任的表现。

运作良好的医院是我见过的具有高度个人责任感的地方。医生和护士都在自己的权力范围之内尽最大努力帮助病人。有一次我在一家医院住院，一位护士在我睡着的时候进入我的病房。我醒了过来，但是她并不知道。她从我的小桌板上拿走了剩下半杯水的杯子，去卫生间洗干净，然后重新倒满水。

我问她为什么要那么做，因为水还没喝完。

她回答说："亲爱的，我们必须非常小心，因为医院可能会传播病菌。只要我看见一个用过的玻璃杯，无论是空的还是有水的，我都必须要清洗干净。"

她就算不洗杯子我也注意不到。她这么做不是为了赢得我的好感。她也没有把这个小事情留给下一个值班护士去做。她出于对我的健康负责做了这件事。

那位护士为了让我舒服一些，还做了很多其他类似的小事。出院的时候，我给了她一个大大的拥抱表示感谢。

“我去过很多医院，”我跟她说，“事实上，我给很多医院做过咨询。但是我从来没遇到过像你这样充满爱心的人。为什么你会做那些事呢?”

她跟我说：“你刚才给我的拥抱对我来说太重要了。当护士挣不了多少钱，但是你的拥抱对我来说比钱还重要。我工作经常超时。我的同事都认为我是为了多挣钱，但其实不是的。我想保证你在医院有一个好的体验，让你因为我的服务多少能舒服一些。”

她为了保证我的健康，以及我在“她的”医院的住院质量，承担了个人责任。

当我意识到我的公司、和我合作的公司或者我的家庭及社区内部等出现问题时，我会觉得我有责任解决这些问题。如果看见邻居门口有垃圾，而我又确定邻居不在家，我会觉得我有责任把垃圾捡起来，因为我是社区的一分子。这是我的工作。这不仅是他的问题，也是我的问题。

也许你会意识到有问题，但是你会把它们搁置起来。日子一天天过下去，谁也注意不到。但是你心里明白。如果面对问题，你这样告诉自己："不行，既然已经意识到问题，那就是我的责任。"结果是不是会好很多呢？这就是关爱的思维模式的标志。

通用汽车公司有多少人意识到了点火开关故障会造成危险，但还是把问题搁置起来了？大众汽车公司有多少人意识到他们最终会因为排放测试作弊被抓，但还是把自己的担心和恐惧掩藏了起来？

有个朋友跟我讲了个故事，是关于一家大型财务服务公司的第一个黑人高管。他十多岁就在这家公司的收发室工作了。当问及他是如何一步步走到现在的职位的，这位高管回答说："在我的整个职业生涯里，我都在留意那些没人愿意做，但是应该要做的事情，然后完成它们。"换句话说，他为自己意识到的问题承担责任。

我还有一个意识到问题并且承担责任的例子。琳曾经生活在明尼阿波利斯，她最好的朋友那个时候搬到了密西西比河对面的圣保罗。一个寒冷的周日下午，琳去看望她的朋友。回家的路上，在一个非常陌生而又破旧的社区附近，车子的轮胎爆了。天色逐渐暗了下来。她把车开到便利店门口的停车场，打开后备箱，却发现备胎也坏了。她给家里的座机打电话，又给她丈夫的手机打电话，但是都没人接。

她看看四周，发现繁忙的街道对面有一家轮胎商店。那个地方没有开灯，而且好像已经关门了，但她还是穿过街道朝门里面看。她没看见任何人。她的心一沉，开始有些恐慌。然后她注意到门上有一个手写的紧急电话号码。她拨打了那个号码，有个人接听了电话，听完她的情况之后，跟她说，他会去便利店接她。

太阳落山之后，温度越来越低。琳进去便利店继续等待，她买了一杯不太新鲜的咖啡让自己暖和起来。十分钟后，一辆皮卡停在她的车子旁边，一个留着披肩发，穿着牛仔裤、牛仔外套，头戴明尼苏达双胞胎棒球队帽子的人出现了。琳出去和他打招呼，他说自己叫约书亚，是轮胎店的老板。琳看着约书亚抬起汽车卸下瘪掉的轮胎，把后备箱里坏掉的轮胎也一并卸下来，然后把两个轮胎都放在皮卡的车斗里。

他转身对她说，“我修轮胎的时候，你最好别离开自己的车。”她照做了，轮胎店老板开着皮卡去了街对面。她看见轮胎店的灯亮了。她希望时间不要太长。气温越来越低，但是她不想离开自己的车返回便利店。

琳不记得等了多久，但是肯定时间不长。店里的灯灭了，白色皮卡回到停车场，约书亚从车上跳了下来。他把两个轮胎都补好了。他先换了车上的轮胎，然后把备胎固定在后备箱里。

“好了。”他说道，露出灿烂的微笑。

琳从皮包里拿出钱包。

“多少钱?”她问。

他回答说：“不要钱，没关系。”

她不同意，说：“让你在这么冷的周日晚上出来营救我，我必须付钱。”

“不用了，”他说，“我周日反正也不工作。”

他回到车上，开车离开了。琳坏掉的轮胎变成了他的问题，而他承担了修理的责任。

琳开车回家，一肚子疑惑，又面带微笑。她想起了小时候电视里的独行侠，“那个蒙面人是谁呢?”她回到家的时候，她丈夫在家。他刚才在教堂，而手机正好没电了。她跟他讲了约书亚拒绝收费的故事。

你猜他怎么回应的？他说："我的车子也需要换轮胎了。我改天去见见约书亚。"之后，他确实这么做了。

承担责任的第三个要素是选择或者决定怎样行动。2013 年，伊利诺伊州一个 13 岁的小女孩特丽莎·普拉布，在得知佛罗里达州一个 11 岁的小女孩因为被同学欺凌而自杀的事情之后，既震惊又生气。这是普拉布在承担责任之旅中迈出的第一步。她意识到自己必须采取行动，制止网络霸凌。

普拉布研究过，如果开车时注意力不集中，大脑功能会产生什么样的变化。她想，也许这方面的知识可以用于社交媒体的霸凌现象。她决定承担起制止网络霸凌的责任，虽然她自己从来没有经历过。这就是她迈出的第二步：问问题——"我该做些什么？"

以下是普拉布的原话：

> 经过仔细的背景研究之后，我相信有一种系统可以有效地制止青少年之间的网络霸凌现象，如果那个

系统可以减少含有恶意的信息，霸凌和潜在霸凌的帖文就会减少。考虑到这种有效性，我第一个要调查的问题就是，“我怎样才能创造一个有效的系统，减少网站上青少年之间的霸凌现象?”深入研究之后，我发现，一个能让12～18岁青少年在发布信息之前停下来审视自己的帖文，重新决定是否发布恶意信息的系统，比起那些没有二次思考机会的系统，在减少网络霸凌现象方面更加有效。

最终，她发明了一款名为“Rethink”的应用软件。如果某个人的信息里可能含有恶意话语，软件就会对其进行提醒，然后系统会强烈建议使用者删除、修改或者放弃发布帖文。如果孩子屡次受到提醒，父母可以要求系统给他们发送消息。普拉布对这款应用的有效性进行了研究，发现93%的青少年在有二次思考机会时，会放弃发布恶意信息。他们开始为自己的行为负责，而普拉布也承担了自己的责任。她的行为引发了全国范围内的连锁反应。

普拉布也许可以很轻松地对自己说：“自杀的又不是我的兄弟姐妹，也不是我的朋友。这不是我该解决的问题。”但是她并没有这么做。她决定采取行动，解决掉一个困扰她的问题。

一定要让你的决定产生积极正面的结果。有一次，在伦敦参加一个活动的时候，我和一个朋友，还有她的儿子，打算找个地方吃晚饭。我朋友的儿子特别想吃意大利菜，于是我们向酒店的门房打听哪里有不错的意大利餐馆。到达餐馆点了酒水之后，我们拿起菜单开始准备点菜。可是令我们惊讶的是，菜单上所有的菜都是亚洲菜，而不是意大利菜！门房送我们去了一个非常高级的餐馆，但是居然连意大利面都没有！很显然，两家餐馆的名字是一样的，而且同为一家公司所有，但是两家餐馆的风味和菜单是不一样的。门房把我们送错地方了！我们就此离开也没问题，但是我们已经点了酒水。我们也可以投诉这家餐馆让顾客分不清楚。但是我们决定留下来，一起享受一个美好的夜晚。你知道结果是什么吗？那里的食物好吃极了！

我的房子位于加利福尼亚的一个地震断层带。每天早上醒来的时候，我可以这么想：如果来一场大地震，我就会死，我的家人也会死。我可以选择让这种恐惧吞噬我。

但是从另一个角度看，我每天醒来的时候也可以想自己有多么幸运。我一直幻想着能够拥有一座面朝大海的房子，而我现在的房子就面朝太平洋。这是我自己的选择。我从来没有想过地震断层的事情。我只想着住在这里的好处。

在第一章里，我提到过，只有7%的美国人表示对美国国会充满信心。我在想，有多少议员每天为了国家的利益做出积极正面的决策，而不是为了他们所代表的政党、他们的竞选，或是他们的事业？他们真的考虑组成这个强大国家的所有公民了吗？好像我们大多数人都觉得，这样做出正面决策的议员很少。

拥有选择权并且实施选择权是我们最重要的自由之一。没人能够替你做这些重要的决定，所以一定要做出积极正面的选择。如果我投诉那位给我女儿发送恶意邮件的老师，而不是帮助校方采取积极的行动或者援助，那就是一个负面的选择。那位帮我清洗杯子的护士也可以完全不去理会这件事，因为她很忙。普拉布也可以登录社交网站，发布一条关于网络霸凌的负面评论，而不去做任何事情来解决这个问题。

关于消费者选择的研究可以让我们更加明白责任感的选择问题。当涉及短期愉悦感和长期持久幸福感的时候，我们是选择诱惑力很强的甜食，还是健康的沙拉？如果选择后者，虽然没有立刻得到满足，但是它会帮助我们实现一个更高的目标。“这不是我的问题”这样的想法会让你得到短暂的放松，它就像充满诱惑的甜品。或许你会从逃避问题中得到短暂的快乐，但是它什么都不能帮你解决。“我应该做些什么?”的想法意味着，无论我们面前有什么样的问题，都会引导我们实现一个有意义的目标，就好像健康的沙拉。两者的结果有天壤之别。

消费者研究还显示，当人们思考一个问题的时候，考虑多个解决方案可能会取得最好的结果。有一项实验是向参与者演示两台 DVD 播放器。约有 1/3 的人说他们会购买其中一台，而另外 1/3 的人说他们会购买另外一台。也就是说，2/3 的人说他们会购买其中一台。但是当他们只看见一台播放器的时候，只有 10%的人说他们会考虑购买。减少选择，会让你的选择仅限于“是”和“否”。

所以，在考虑对你所负责的问题该如何采取行动时，最好有多个选择。只有一个选择会让问题非常棘手，使坏处多于好处。

如果你的周围负能量太多，就很难做出积极的选择。很多人总是无休止地对事物做出负面反应，并且难以自拔。此外，负面的言论和行为会吸引更多负面的言论和行为。有句俗语说得好，“悲惨的人总是喜欢聚在一起”。

在为《哈佛商业评论》撰写的一篇文章中，马歇尔·戈德史密斯引用了一项研究，说是1/3的员工每个月花费20小时抱怨或者听他人抱怨老板或者上层领导。他提出了四个问题，帮助人们减少他所谓的“牢骚时间”。

1. 这些话对公司有帮助吗？

2. 这些话对客户有帮助吗？

3. 这些话对和我说话的人有帮助吗？

4. 这些话对我所议论的人有帮助吗？

如果你的回答全部都是“没有”，戈德史密斯写道，“那我就给你一个显而易见的建议：闭嘴。”

只要稍加修改，戈德史密斯的建议就可以运用于所有场合。我本可以跑到女儿的学校“抱怨”那个发送恶意邮件的老师。可是我的抱怨对学校有帮助吗？没有。对学生有帮助吗？没有。对校长呢？没有。对那位老师呢？没有。

一旦你决定对问题采取积极的行动，而不是抱怨，你就会拥有一股内在的力量。不要找借口或者抱怨，行动起来，把问题解决掉。做出积极的改变。我们每个人每天在社区、工作场合及家庭中都有那样的选择权。我觉得如果我做出积极的选择，就会发生积极的事情。这就是正面力量的传递。

承担责任的第四个要素是：深刻思考你的选择和行动会造成什么样的后果。不考虑后果，很容易做出错误的选择。深思熟虑意味着你必须问自己几个有深度的问题，比如：这么做是为了实现短期目标，还是长期的解决方案？会不会让别人觉得尴尬？这么做是不是仅仅出于维护自尊？它可以彻底解决问题，还是权宜之计？这些都是你需要思考的问题。

一家名叫神经领导力研究所（NeuroLeadership Group）的全球人力资源咨询机构开展了一项参与人数多达 6 000

人的研究，他们询问这些人何时何地以及如何产生最佳思维。只有10%的人回答是在工作中。哈佛商学院的企业物流教授詹姆斯·赫斯克特讲了这样一个故事：

安东尼·阿瑟斯是一位德高望重的已经过世的教授，在天气好的时候，他偶尔会在哈佛商学院的长椅上坐着，好像在发呆。每次别人问他在干什么，这位向来特立独行的教授都会说“没干什么”。他那些向来尊崇行动主义的同事们就会摇摇头，互相问道：“他没问题吧?”可是说不定，安东尼在员工会议和非正式集会上提出的那些颇有见地的想法，就是在这个时候想出来的呢。

你不一定要一动不动地坐在长椅上或者桌子前深思熟虑。我喜欢在独自散步时，在没有手机和音乐设备干扰的情况下思考。深度思考来源于安静和独处的时刻，感觉自己在宇宙中多么渺小，就好像太平洋里的一滴水一样。如果你不停地查邮件、摆弄平板电脑、关心外面都发生了什么事，那么你不可能深思熟虑。无休止地使用手机造成了我们不停地分散注意力。

有个朋友曾经跟我说，有个管道工在他家做事。工作难度很大，所以在完成之后，朋友对他创造性地解决了难题表示赞赏。

“你真是位艺术家。”朋友跟管道工说。

管道工人回答说：“天生我材必有用，所以我要尽量发挥自己的作用。”

管道工人的回答说明，他思考过人生最重要的一个问题：“我为什么活在这个世界上?”我的回答会解释为什么我会以客户为中心，为什么我这么在乎客户的成功，为什么我会全心全意地服务于他们。我也可以很简单地说：“我就是想挣钱，混口饭吃。”很多人确实会这么说。可是我不会，也不能这么说。

我活到现在，一直在用自己的方式为家庭、社区和我的客户尽责，就好像那位充满艺术感的管道工人。如果某位客户的产品被召回，我有责任采取行动。如果某个同事犯了错误，或者出了问题，我有责任去提供帮助。我要承担自己的责任。

当然，商业世界也需要深思熟虑的人。其中一个就是史蒂夫·乔布斯，还有一个是互联网巨头亚马逊公司的创始人杰夫·贝索斯。我还想到了推特的创始人杰克·多西，还有微软和盖茨基金会的创始人比尔·盖茨。这些人之所以成功，是因为他们深思熟虑。他们中的大多数在创业初期名不见经传，但是他们所从事的工作让他们变成了名人。你做事的时候有没有深思熟虑？如果没有，想一想，是什么阻止了你这么做。

承担责任的第五个要素是：设定比较高的期待值。如果你把期待值设得很高，你就会鼓舞他人。当你鼓舞他人的时候，你就知道承担责任是什么意思了。

在底特律国际机场的一个男士洗手间，我发现那里一尘不染，无可挑剔。我感觉自己好像走进了一家五星级酒店的大厅。我觉得奇怪的是，我去过那个机场的其他男士洗手间，它们都脏乱得让人恶心。我看见清洁工正在打扫水池，于是我就对洗手间的洁净表达了赞赏。

他说："喂，老兄，这是归我管的洗手间。谢谢你的赞赏，因为我很想让每个来我洗手间的人都觉得心情愉悦。"

我问他，为什么他负责的洗手间比其他的要干净整洁得多。

他说："那是我妈妈教育得好。"

"你喜欢自己的工作吗?"我问他。

他说："哦，我喜欢我的工作。我热爱它。"

我告诉他，我来过这个机场很多次了，我发誓以后要继续使用"他的"洗手间。

他说："也许下次我不打扫这个洗手间了。下周我可能会打扫另一间。但是你肯定会注意到不一样的地方。"

后来在飞机上，坐在我旁边的人一直在抱怨航空公司。他嘴里冒出来的每句话都是负面的。

于是我对他说："我跟你说点正面的事情吧。"我跟他讲了那个清洁工的故事，他为自己设定的高标准同时也鼓舞了我。那位乘客脸上露出了微笑，人也开始放松，接下来的旅程他都心情不错。

特蕾莎修女的话让我备受鼓舞，她以"一个饥饿的人，一个衣不遮体、无家可归的人，一个病人或一个犯人，或者一个孤独的人、被遗弃的人"的名义接受了诺贝尔和平奖。她的慈善事业被载入史册。但是最让我受到鼓舞的是，她在面对苦难的时候，没有等待别人去采取行动，而是独自采取行动。她承担了自己的责任。

像特蕾莎修女这种真正的领袖明白自己需要承担责任。当底下的人看见自己的领袖承担责任的时候，他们就会采取类似的行动。特蕾莎修女的一个同事描述了陪同她作为特邀嘉宾参加一个活动的事情。他们离开加尔各答的住所，在路上看见一个小胡同里躺着一个人，似乎很不舒服。特蕾莎修女跪在他身旁，扶起他，说："我们要照顾他，他需要帮助。"

我们每个人都天生具有鼓舞他人的能力，这个能力可以通过我们的心意、我们的语言、我们的行动以及我们的情感展示出来。这个能力和我们是坐在办公室一角，还是在打扫机场的洗手间没有关系。重要的是，想一想："你准备好开始行动了吗？"你想不想鼓舞别人？想不想鼓舞你的客户？你有没有努力去鼓舞你的同事？你尝试过鼓舞自己的孩子吗？你有没有鼓舞过自己的社区？鼓舞别人为什么这么重要呢？因为如果你做到了，你就会成为一个有担当的人。

而承担责任的所有方面：意识到有事情需要完成、个人承担责任、选择或者决定怎样行动、仔细思考行动的后果，以及设定高期待值，是培养关爱思维模式的重要组成部分。

承担责任不是说，你不需要别人的帮助什么都靠自己。它的意思是，当有必要的时候，你知道应该怎样寻求帮助。它意味着，尽量克制自己不要按以前的老办法去解决问题。它还意味着，你需要往外扩展一点点，尽量发挥自己的智商和创造力。

作为本章的结尾，我为你准备了几个问题：

1. 目前你生活的哪个部分最需要你承担责任？

2. 你今天所做的选择都是正确的吗？

3. 你有没有认真想过为自己的工作、家庭或者社区做出改善？

4. 你的目标是否可以鼓舞你的客户、孩子、家庭和朋友？

第五章

永不放弃

决定做应该要做的事，决定后坚持到底。

——本杰明·富兰克林

1991 年 8 月，我来到美国读研究生。为了省钱，我选择了从孟加拉的达卡出发最便宜的路线——长达 56 小时。我的导师承诺给我奖学金，所以我不需要担心自己的学费、住宿和吃饭问题，前提是我必须在秋季学期开学前两周到达学校。于是我提前两周到达学校。把行李放在宿舍，我就直接去了导师的办公室，然后我接到了令人崩溃的消息：奖学金给了另一个学生，现在没有名额了。

关爱思维模式的第四个要素是坚定果断，也就是 STAR 的最后一个字母。坚定果断意味着充满热情、决心和毅力去解决一个问题或者改善一种情况。对我来说，决心意味着谦卑和渴望变革。

几个从孟加拉和印度来的学生纷纷过来安慰我，但问题是，我没有足够的钱注册课程。其他的孟加拉和印度学生建议我退学，去非法打工。但是我拒绝了。我来美国是为了继续学业，那才是我前进的方向。

然后，我突然醒悟过来：我必须积极面对这个问题。我告诉自己，这里是美国，是一个充满机会的国土。没有什么是不可能的。于是我走访了全校各个系主任的办公室——经济系、商业管理系、文学系、新闻系、理学院——请求他们给我一份奖学金或者助学金。我向他们承诺说，我肯定会为他们系的学生带来积极的影响。大多数人会很有礼貌地听我诉说，也理解我的处境。但是他们没有奖助学金可以给我。有几个人相当无礼，说我在浪费他们的时间。

这样跑了两天，我几乎要绝望了。就在第二天快结束的时候，数学系的系主任听完我的请求，介绍我和另一位教授认识，那位教授发现我毕业于亚洲顶级大学之一印度理工学院之后，非常兴奋。她问我有没有兴趣从事聚合物的研究。我回答说有，她建议我申请陶氏化学公司（Dow Chemical Company）提供的一份研究助学金。她提醒我说，那个申请竞争非常激烈，但是如果我的面试进行得顺利，还是有机会的。

经过几轮面试之后，我得到了研究助学金。两年以后，我的研究获得了学校年度最佳研究生论文奖。但是如果我当时没有保持积极的态度和强烈的决心，我是不可能拿到助学金或者奖项的。

我发现在大多数公司的环境中，创意和变革总是遇到很多阻碍：同事不同意我们的想法，或者老板不愿意接受新想法。而当我们遭遇阻碍的时候，大多数人会选择放弃。所以说，拥有坚定、毫不动摇的决心对于解决问题有多么重要。

我知道有一家大型制造公司解散了自己的研发部门，打算直接依靠外面的供应商。很多年以后，一位新上任的高管发现公司居然没有内部创新部门，惊讶不已。他迈出了勇敢的一步，提出要在公司重新建立研发部门。其他高管都告诉他，研发部门虽然听着很酷，但是需要投入很多资金，而且还不一定有回报。

但是他决心已定。他找到必要的资金，创建了研发部门，然后雇了他能找到的最优秀的人才。结果那个部门发展势头很好，并为公司的收入做出了巨大的贡献。

畅销书《从优秀到卓越》的作者吉姆·柯林斯在书中对伟大公司的伟大之处进行了研究，他将公司领导者的坚决果断列为公司长期成功的关键因素之一。柯林斯认为，取得巨大成功的公司通常都有他所谓的“五级领导”的带领。“五级领导”指的是将真正的个人谦卑和巨大的职业愿望结合在一起的领导者。他将这种融合称为“强烈的决心”。

柯林斯列举了几个人的事例：金佰利-克拉克公司的首席执行官达尔文·史密斯将公司发展成为顶级纸业产品公司，吉列公司 20 世纪 80 年代和 90 年代的首席执行官科尔曼·莫克勒曾经无数次拒绝公司被接管，因为他认为那样会损害公司利益。史密斯生动地展现了人生中的强烈决心，而不仅仅是一名首席执行官。柯林斯这样描述他：

> 他拥有强烈的甚至不可思议的决断力，并且毫无伪装。史密斯在印第安纳的一个农场长大，他白天在国际收割机公司工作，晚上去印第安纳大学读夜校。有一天，他在工作中失去了一根手指。但是当天晚上他仍然去上课，第二天也继续上班。最后，这个贫穷

的印第安纳农场孩子被哈佛商学院录取了。

柯林斯认为，这些高管展示了“以毫不动摇的决心去做任何必须要做的事情，只为取得最佳的长期结果，而不论过程有多么艰辛”。

注意，柯林斯用了“长期”这个词。迅速解决问题当然没有错，有时候也必须这么做，但是我们经常会忽略快速解决问题带来的后果。我遇到过一个《财富》100强公司的高管，他非常高兴地跟我说，他解决了一个问题，为公司节省了几百万美元。而他得到的奖金和这笔节省的资金是挂钩的，所以他自己也得到了很大一笔报酬。我问他，能不能保证自己的解决方案不会产生新的问题，他只是微笑，说万一发生了这样的事情，他以后再解决这第二个问题就是了。于是，我问他，如果第二个问题是因为解决第一个问题而造成的，那么能不能再次保证为公司节省上百万美元的资金，并且拿到奖金。他没有回答我。

成功扑灭一场大火而成为公司的英雄是很有意思的一件事。但是如果一个公司的文化只是鼓励“灭火”，它并不能培养出强烈的决心，也无法鼓励关爱的思维模式。决心指的是“防火”，而不是挽救一场原本可以避免的灾难的英雄行为。

柯林斯的研究虽然是以大数据为支撑的，但实际上更像是在讲故事。决心应该如何衡量？决心怎样产生积极的结果？没人能真正解答这些问题。根据我多年与全世界顶级制造公司合作的经验和观察来看，我的结论是：决心是关爱思维模式的一个特点。

决心对于公司的重要性，可以在具体项目的成败率上体现出来。如果一家公司承诺为某个项目投入资源，那么我们可以说，在项目初期，确实存在一定的决心。

但是对于项目成功的研究结果并不乐观。麦肯锡公司联合牛津大学对 5 400 项大型 IT 项目进行了研究。他们发现，45%的项目超出预算，7%的项目逾期，只有 56%的项目取得了预期的价值。IBM 对变革管理的高管进行的一项问卷调查表明，只有 40%的项目按期完成，并且没有超出预算，也达到质量要求。英国《卫报》做的一项政府研究发现，失败的项目造成的经济损失多达 40 亿美元。企业进行的大型项目的成功率非常低。

国际项目领导力学院（International Project Leadership Academy）是一所为项目经理和领导者提供培训的学校，学校总结了一百多条导致项目失败的常见错误，其中包括：项目发起人没有对项目所有权真正负责（换句话说，他们没有足够的决心）、项目成员参与感不足、逃避困难，以及培训不足。

由于导致项目失败的原因已经被大量研究过，而且不是很难克服，我们似乎可以推断，大多数项目的失败都是由于上层领导者没有足够的决心对有效流程进行投入。而真实的情况其实是：不是不够，而是太少了。

决心的一个关键部分是：愿意改变和适应。在很多企业，中级和高级管理人员拒绝任何新鲜事物。但是如果他们不想变革，就没办法解决那些随时可能出现的问题。有一次，我和一家《财富》100强的公司高管们开会，他们跟我说，制造过程中发生3%的报废率是可以接受的，虽然那样会浪费掉公司几百万美元。

我问一位副总裁："为什么3%的报废率是可接受的?"

他回答说："苏比尔，过去10年或者20年都是这样。

没问题。”

我回答道：“不，这是个问题。它浪费了你几百万美元。为什么不试着降低报废率呢?”

我花费了大量时间不断跟他们沟通，他们终于同意改善业务流程和生产流程，从而在很大程度上减少浪费。最后，我们把报废率从3%降到了0.25%，为公司的收入做出了巨大贡献。这就是下定决心解决问题产生的力量。

接下来我再讲一个愿意改变和下定决心结合起来的例子，这个例子是关于我自己愿意改变的事情。在“六西格玛”受到美国企业欢迎之后，我成了美国企业六西格玛领域的领军人物，这一切源自我所撰写的《六西格玛的力量》(*The Power of Six Sigma*）取得的巨大成功。几年以后，我受邀为一家保健公司做咨询，他们在过去的一年里试着在另一家咨询公司的帮助下进行六西格玛培训。

“六西格玛在我们公司并不成功。为什么呢?”和领导团队会面的时候，首席执行官这样问我。于是我问他，公司里有多少人接受过六西格玛培训。他们回答说，所有人都接受了为期四周的培训。但是他们也坦白说，那个培训非常乏味无聊。换句话说，他们对六西格玛并不热衷。当我问到有多少人在工作中运用六西格玛工具时，高管们说他们用了一些——10%～20%的样子。他们觉得其余的工具不适合他们的行业或者企业。

他们的回应让我眼前一黑。我更加坚信，我们必须改变六西格玛培训的方式。我给我公司的同事打电话，告诉同事我觉得我们为客户提供的服务有瑕疵。虽然我们是一家在六西格玛方法论方面享有盛誉的咨询公司，但我还是觉得应该有更好的培训高管和经理人的方法。我要求我的团队研发一套为每位客户量身定制的方法，而不是依赖“一刀切”的方法一劳永逸。

由于我愿意在六西格玛培训方法上做出改变，很多良好的结果因此而产生。我们研究了一个我称之为 LEO 的方法（倾听、填充、优化）。自那以后，我们利用 LEO 帮助客户进行了成千上万个六西格玛项目，取得了非比寻常的效果。

如果我没有听取客户的意见，并且真心实意地去考虑他们的反馈，LEO 就不可能成功。我下定决心改善我们的工作方法，并且成功了。

这里还有一个既有决心又愿意变革的例子。有一名神经外科医生对病人初检之后等待诊断结果的时间表示担忧。如果病人患有脑瘤，那么从第一次就医，也就是病人起初觉得头疼，到诊断结束，一共需要 4～6 个月的时间。有时候诊断过程太漫长，神经外科医生可能会错过最佳的治疗时间。

这位神经外科医生下定决心，要缩短病人从第一次就医到完成诊断的时间。于是，他委托别人对整个诊断过程做一个研究。大多数情况下，病人来到医院跟医生诉说的症状都是头疼，而医生会问病人："是什么样的头疼？"然后开药，这是初次治疗。如果头疼继续发作，病人就会过一段时间再到医院，医生就会重新开一种效力更强的药，或者换一种药。

如果情况还是没有缓解，医生可能会建议病人做眼部检查。于是病人就会和眼科医生预约时间。如果眼科医生找不到什么问题，而头疼还在继续，病人就会回到之前的医生那里进行进一步咨询。

等到了神经外科医生那里，神经外科医生会让他做核磁共振，这个时候几个月已经过去了。

在神经外科医生的督促下，那些做研究的人对医生和肿瘤患者进行了采访，以便确定病人初次就医时的症状。他们拟定了一些问题，调查病人早期的病症。通过病人的回答，他们可确定病人是否需要立刻转给神经外科医生做进一步治疗。

下一步就是迅速将病人安排给神经外科医生。指导这次研究的神经外科医生确保他的同事及其医生每周预设一个固定的时间，专门安排给这些转诊的病人。

结果，从病人初次就医到完整的诊断结束，时间从几个月缩短到了两个星期。这位神经外科医生解决了困扰他很多年的问题。他用他坚定的决心，以及变革和改善流程的意愿，挽救了无数生命。

坚定果断有时候意味着拒绝。苏珊·毕肖普是人才猎头公司 Bishop Partners 的创始人和首席执行官。1992 年的时候，这家公司刚成立两年，一家大型有线电视网络找到她，让她帮忙填补一个高层职位的空缺。毕肖普当然很愿意和那个客户合作，提高公司的知名度，更别提对方还给出了非常诱人的酬劳。但是，那个客户非常难搞，甚至有流言说他非常无礼。毕肖普还是接受了那份工作。客户真的非常难相处，而且确实很无礼。他不愿意提供最关键的信息，他给应聘者提供的工资远远低于市场价，而且拖欠全款费用。

7 年后，类似的情况又出现了。有家公司想在利润丰厚的电子商务领域寻找一位高级主管，那个领域可以让毕肖普公司大大提高知名度。对方给出的酬劳比之前的还要诱人。但是同样，客户是出了名的难缠，甚至会提出不切实际的要求。这一次，毕肖普拒绝了。

毕肖普在《哈佛商业评论》上发表的一篇文章中讲述了她在这 7 年中发生的变化。她的事业刚起步的时候，她会向自己读 MBA 时的导师咨询意见，努力做到让自己的客户“兴高采烈”。于是，无论哪个公司需要帮助，她都答应。但是她的公司并没有像她想象的那样繁荣发展。为了弄明白公司的发展为何如此艰辛，她参加了哈佛商学院的总裁班。在那里，她开始思考一些以前从未想过的新问题：“你需要接纳哪些行业？不需要接纳哪些行业？你的客户是谁？”

带着这些问题，她要求员工描述他们所接触的行业。

每个人的回答都不一样。经过激烈的辩论和讨论，他们一致认为，公司的首要目标不是讨客户开心，而是和“正确的”客户合作。根据那个结论，再加上制定了一系列他们接受（和不接受）的客户标准，公司的时间和人力得到了更好的利用。后来，公司在客户中口碑越来越好，业务自然也就越来越多。

对于毕肖普来说，商业重点转移需要很大的决心。工作方式需要改变，某些员工需要裁掉，她自己的角色也要发生巨大变化——她要从同事变成“老板”。她需要雇经验更丰富、更有创造力的员工，并且要为他们提供更有竞争力的工资。那段时间她压力非常大，但是她坚定的决心支持着她渡过了难关。

毕肖普的公司已经成立了 20 年，有非常可观的客户数量。她仍然会拒绝某些潜在客户，她认为这是最重要的原则。

我在自己的事业上遇到的最大挑战之一，就是某些和我一起合作的高管缺乏决断力。这里讲两个故事，是有关有决断力的高管和缺乏决断力的高管之间的区别，以及他们得到的不同结果。第一家公司出其不意地给我打电话说："我们遇到了一个非常紧急的问题。我们需要节省 2 亿美元的资金。你可以帮我们吗?"我毫不犹豫地回答说："可以，只要那个项目值那些钱。"然后，我和我的团队做到了，我们在头 18 个月就为客户节省了 3.5 亿美元。虽然我们签了 5 年的合同，而且我们预见到还有很多可以节省资金的地方，但是客户对我们说："我想告诉你们，我们现在已经能够自己解决这个问题了。"他们的决心其实只是解决眼前的问题，他们只想快速修补当下的漏洞。

另一个客户给我打电话，希望我能帮他们节省 1 亿美元。最后我们为他们节省了 2.5 亿美元。事后，他们夸赞我们的工作做得非常棒。我们又一次以为会达成长期合作，但该公司对我们所节省的资金非常满意，他们打算就此停手。不过这一次，与我们合作的是一个思虑周全、经验丰富而且直截了当的高管团队。我们告诉他们，未来我们可能会继续帮他们节省更多的资金。于是他们决定继续合作。我们最终合作了大约 8 年，为他们节省了近 15 亿美元。这次的客户没有止步于迅速修补漏洞，而是下定决心，让我们帮他们节省更多的资金，让公司变得更好。

之前说的那家公司，在和我们终止合作的 5 年后破产了。快速修补以及缺乏长期决心的心态，最终导致其走向失败。而第二家客户，在我们帮他们达到目标之后，下定决心把目标定得更高，而我们也帮他们实现了那个新目标。

1993 年，拿到硕士学位之后，我在美国找到了第一份工作，当上了工业工程师。我梦想着自己能在美国汽车的质量改善方面做出一番事业。1996 年，我出版了自己的第一本书之后，获得了“美国汽车名人堂年轻领导和卓越奖”，那个奖项是颁发给 35 岁以下在汽车行业崭露头角、奋发有为的年轻人的。我对自己受到这样的认可感到无比自豪。那个时候我 29 岁，还没有结婚，所以我邀请了父母来参加这个在底特律举行的正装颁奖典礼。我知道全球汽车行业的大人物也会参加那个典礼，可是没想到，我父母来美国的签证被延误了。美国大使馆没有给出任何解释。他们被拒签的时候，我非常沮丧。我的父亲也非常沮丧，他想让我返回孟加拉。得知我父母的签证被拒之后，我非常愤怒地向同事抱怨，在我为美国的汽车行业做出巨大贡献的时候，政府居然做出这样的事情。

就在我花了几小时跟我的同事抱怨时，我接到了吉姆·巴西亚的电话，他那个时候是密歇根的国会议员。有个同事认识这位国会议员，就跟他说了我的困境。巴西亚对我说，他非常感激我对美国汽车行业做出的贡献，并对我父母的签证被搁浅一事感到非常抱歉。他问我愿不愿意让他帮我。我当然说愿意。他许诺说，如果不能及时签发签证，他绝不罢休。

巴西亚写了一封信，传真给美国大使馆，然后告诉我，让我父母重新申请。但是当他们到大使馆的时候，他们遭到了一位大使馆工作人员的羞辱，这位工作人员对我的父母说："跟你们那个出了名的儿子说，别在美国移民局瞎搅和了。"

我的亲朋好友都建议我别跟大使馆计较。亲朋好友担心这件事会影响到我申请绿卡，从而不能转成永久居民。但是我知道自己应该做些事情，所以我给国会议员巴西亚打了电话，告诉他发生的一切。对于我父母的遭遇，他感到既沮丧又震惊。他打算干涉这件事，并且发誓说，一定要解决这个问题。

我不知道国会议员到底做了什么，但是一段时间以后，大使馆给我父母打电话，让他们过去，并给他们签发了签证。所以他们后来参加了颁奖礼。因为他们的出席，我感到无比自豪。国会议员巴西亚为我父母拿到签证的坚定决心让我深受感动，但是让我更加感动的是，他没有止步于此。虽然一次打猎途中的事故导致他行走困难，他依然来到我的公寓，代表美国政府亲自向我父母道歉！他还安排我的父母游览国会大厦，并且安排美国国会支持我的工作。

我至今都为他所做的事情感到惊讶。他的善意和决心鼓舞着我为自己的第二故乡做出更大的贡献。2004 年，我获得美国国土安全部颁发的杰出移民奖时，想到了吉姆·巴西亚，以及他帮助我父母获得签证的决心。在我们见面之前，以及在我成为美国公民很久以前，他就深切地关心我，并且下定决心，一定要帮助我。

麦琪·道恩在尼泊尔所做的社会服务工作让她当选为 2015 年 CNN 年度英雄。对我而言，她就是坚定果断的缩影：她坚持不懈地解决问题，愿意变革，并且时刻抱持积极的态度。

道恩 19 岁高中毕业后去了印度，在一个儿童之家工作。在那里，道恩认识了一个尼泊尔内战的难民，然后和这位难民一起去了她的村庄。道恩发现那里的孩子生活条件非常糟糕，其中有一个名叫海玛的女孩，让道恩大为震撼。道恩发现，海玛靠砸石头来养活自己的家人。

道恩上高中期间靠当保姆攒了 5 000 美元。她给远在新泽西的父母打电话，让他们把钱寄给她。用那笔钱，加上其他支持者捐赠的基金，道恩买了一块地，为没有家人的孩子建了一个儿童之家。道恩本来打算在印度旅游和生活一年，却变成了帮助尼泊尔的儿童。在她拿到 CNN 的奖项时，有 51 个儿童住在她的儿童之家。道恩是每个孩子的合法监护人。

2010 年，由于对孩子们的教育不满意，她用从 CNN 奖项获得的 10 万美元拨款开办了一所学校——花芽谷学校。学校是这样自豪地描述自己的：

> 我们的 350 名学生中，大多数出身于社会地位很低、经济条件很差的家庭。他们住在肮脏简陋的房子里，要么被遗弃，要么没有受教育的机会。所以，我

们的学校不仅仅是一个学习的地方。在我们的学校，孩子们可以享受营养餐，有基本的医疗和口腔护理服务，还有丰富的课后活动，比如体育、音乐、手工和烹饪课程。学校有口腔护理和咨询中心、花芽谷健康诊所、教学室、电脑实验室、舞台和小型图书馆。我们为每个学生提供校服和书本。

照片里的麦琪·道恩总是绽放着灿烂的微笑，被开心的孩子们包围着。她积极的态度和决心改变了无数尼泊尔孩子的命运。

坚决果断对你来说意味着什么？思考一下下面几个问题：

1. 上一次当你面对困惑的时候，有没有想办法去解决它？有没有其他可能的办法，但是你没有尝试？还有什么能做的吗？

2. 你有没有和同事清晰地交流过“没有最好，只有更好”这个观念？它是不是贯穿于你日常生活中的准则？

3. 你是没有尽全力就罢休呢，还是下定决心要超越自我？

第六章

硬币还是笔：选择与众不同

你必须相信一些事情，如勇气、命运、生活及因果等。

——史蒂夫·乔布斯

我四岁还是五岁的时候，那时还在孟加拉，我的祖父给我一个硬币和一支笔，说“选一个”。我想也没想，就选了硬币，可能那个年纪的孩子大都会那么做。祖父试着让我明白我的选择是错误的。在前面的章节，我讲述了如何建立充满关爱的思维模式：STAR 原则。我相信，如果想真正在工作、家庭或社区做出改变，我们每个人都必须采取 STAR 思维模式。我坚信，练习直截了当、思虑周全、承担责任和坚决果断的品质，一定会改善你的生活。我自己的亲身体验和那些与我合作过的人的经历证明了我的想法。

但我是有优势的，在学习关爱的思维模式方面，我的起点比较高。在我很小的时候，我生命中非常重要的人——我的祖父和我的父母——就已经教我了。

2005年，史蒂夫·乔布斯在斯坦福大学的毕业典礼上说：

> 你们不可能从现在这个点上看到将来。只有回头看时，才会发现事情之间的关系。所以你必须相信，那些点点滴滴，会在你未来的生命里，以某种方式串联起来。你必须相信一些东西——你的勇气、宿命、生活、因缘，随便什么——因为相信这些点滴能够一路连接会给你带来循从本觉的自信，它使你远离平凡，变得与众不同。

我发现我的生活也是如此。在本书的开篇，我写到，为了回答为什么在必要的变革方面，有些公司成功，有些公司失败，或者不太成功，需要用到关爱的思维模式和STAR原则。但是现在回头看一下，把那些点串联起来，我发现关爱的思维模式和STAR原则在我还在孟加拉，还是个小孩子的时候，就已经植根于我的头脑中了。

我的祖父教会了我关于展现决心最有力的一课。祖父是个谦卑的人，他有七个学生，他自己是个很穷的小学老师，但是他拥有非比寻常的价值观和智慧。

他让我在硬币和笔之间做选择的时候，我和他吵了起来。拿着那枚硬币，我可以买巧克力。硬币多的话，还能买玩具。于是他又拿出硬币和笔让我重新选择，我还是选了硬币。

最后，他拥抱我，亲吻我的额头，然后对我说："如果你选择笔的话，你会到达很高的人生高度，它会给你带来很多硬币。"我永远忘不了这一课。他用直截了当的方式告诉我，笔可以帮助我创造东西，所有的书籍都是因为有人选择了笔才会存在。

在我七八岁的时候，他鼓励我给我所读的书籍的作者写信，告诉他们我的读书心得。

"你觉得他们会回信吗?"我问他。

他说："如果他们不回信，你就继续写。"

"假如我写了一百封，他们也没回呢?"我说。

"如果是那样的话，"他说，"那就重新写。我跟你说，笔有巨大的魔力，如果必要的话，就写一百零一封信，或者两百封。最终，他们一定会回复的。千万不要放弃。"于是我决定照他说的去做。

到我 12 岁的时候，我已经和无数知名作家、诗人以及电影明星通过书信成为朋友。怎么成为朋友的呢？就是靠写信。这些新朋友和导师教会了我很多关于人生、成功与失败的意义，以及其他很多道理。在我很小的时候，我就开始学习领导力和沟通技巧，这些技巧造就了我现在的人生。因为祖父的教导，我从来不需要参加正式的领导力课程，而如今我却在为全世界的管理者提供指导。因为他让我选笔，而不是选硬币，所以我才得以撰写那么多书。

我的祖父还教育我从所有人身上学习，而且让学习贯穿一生。在我职业生涯的初期，我花了很多时间在生产线上工作。我的多数同事，也就是其他的工业工程师，都觉得我疯了。但是我从生产线的生产以及组装汽车的工人那里学到了很多知识。因为他们，我真真正正地爱上了汽车行业。

除此之外，祖父还教育我，和别人交往的时候要关切用心。五年级的时候，我的成绩是全班第一，有个同学的父亲在一次学校评估活动中质疑说，一个印度教的小孩（当时我在当地属于少数种族）怎么可能在孟加拉拿到班级第一。这个父亲是位大学教授，后来成为全国最有名的学者之一。

我的祖父感觉受到了莫大的侮辱，他对我说，不要伤心。当天他还告诉我，我以后也会成为一个有影响力的人，千万不要用这样的方式去对待别人。

“一定要原谅别人。让一切负面的感受随风而去。要想改变世界，就要把目光放长远。当你有能力的时候，要试着尽自己的努力去帮助别人。”

12 年以后，我在一家软件公司工作，被分配到一个项目组，那个项目的主管正是 12 年前侮辱过我的人。他对我的工作非常满意，向我表示感谢。由于他没有认出我，所以我提醒了他，跟他说起很多年前他在学校评估活动中所说的话。他非常震惊，也很难过，最后流下了眼泪。之后他向我道歉。我祖父教育过我，关切用心的一个方面就是不要对别人的种族、年龄或者经济状况随意评价。

我在本书的后半部分分享这些有关祖父和父母的故事是有原因的。我想说，任何人，无论他多么卑微，只要他拥有关爱的思维模式，就能鼓舞他人。拥有关爱的思维模式和你的出身以及挣多少钱没有关系。你只需要展现自我。

我在前面部分说过，在出版了第一本书之后，我获得了美国汽车名人堂年轻领导和卓越奖。撰写和出版那本书需要很大的决心。它也是笔的力量的生动写照。

我为什么会写那本书呢？那个时候，美国最主要的汽车公司都签订协议，同意接受统一的质量标准，这就意味着供应商要获取合格证，并且接受定期检查，保证遵守协议。

公司要求所有的供应商在某个特定的日期以前必须取得合格证明。但是，很多供应商不知道该怎么申请。因此，我和另一位作者联手出版了一本书，用案例描述了供应商获取合格证书应该做的努力、从这些案例中应该吸取的教训，以及一个帮助供应商获得合格证明的简单流程。

在我撰写那本书的时候，我受到很多来自管理层的阻碍。我当时在为一家汽车供应商工作，我的老板不理解，为什么我要帮助其他汽车供应商取得合格证。他们指责我在上班时间写书，其实我并没有这么做。

不管怎么说，我决心已定。后来我不去理会他们说什么。写完之后，我坚持要让质量界的领军人物推荐，然后再去出版。当时我刚研究生毕业，认识的人不多，但是我用祖父教我的方法和他们取得联系。我分别给 J. D. 鲍尔三世、田口玄一博士还有菲利普·克劳士比写信，希望能有好运。可是没有人回信。我又写信给他们，还是没有回音。于是我写了第三封信。最后，所有人都回复了，并且同意推荐我的书。J. D. 鲍尔三世称我的书为“汽车质量入门”。

很多质量界的名人都自费前往芝加哥参加我的新书发布会。

这本书帮助了成千上万家汽车供应商，我也成了业界英雄，多次在杂志和报纸上露面，被称为汽车行业的顶级质量专家之一。J. D. 鲍尔三世、田口玄一博士以及其他人都对我进行了私人指导。一夜之间，我变成了质量专家，而那个时候，我才 29 岁。但是这些并不是因为我一夜之间变成了天才，而是因为我坚定的决心。

那段时间，我大多数时间都和制造、管理界的老手待在一起，他们都有几十年的丰富经验。我被他们的智慧深深吸引。我如饥似渴地从他们身上学习，而他们也乐于传授。从整个社会来说，我们好像失去了对年长者的智慧的尊重。在这个社交媒体横行的时代，很多人认为老年人脱离社会，不懂科技，或者不够酷。我们忽略了他们在长年的工作、合作和竞争生涯中获取的经验、见地和智慧。我想说的是，影响我最深的是年纪比较大的经理人和员工，是那些将关爱的思维模式贯穿于一切、拥有精彩想法的人。

祖父教给我的最重要的一课恐怕就是：建立关爱思维模式的最佳方案，就是和已经拥有那种模式的人多接触。

我的第一本书出版三年后，我读到一本名为《未来的领导者》（*The Leader of the Future*）的书，它是由弗朗西斯·赫塞尔本、马歇尔·戈德史密斯及理查德·贝克哈德共同编辑的领导力文集。我很喜欢那本书，同时觉得应该也有一本未来管理的书：一本不仅有关领导力，而且涉及未来的公司和流程的书。于是我给作者写信，直到他们回复我。

他们最基本的反应是："为什么不写呢？"

于是我写了。

我没受过任何正规的管理培训，但是我有坚定的决心。因此在结婚后的一个月，我早上 3 点起床。妻子为我煮咖啡的时候，我走到一个大画板前，列出全世界的顶级管理者。然后我把自己的名字写在最上面。我跟妻子说，我想实现那个梦想，让那个名单变成现实。她会支持我吗？

她说："苏比尔，这太疯狂了。你没有管理学的博士学位，也没有 MBA 学位。这个不太可能。"

我轻声回答说："我没问你可能还是不可能。我问你，你会不会支持我，直到我实现梦想。"

"当然支持。"她说。

两年以后，我的第二本书《管理 21 世纪》（*Management 21C*）问世。我不仅成为公认的质量专家，还成了管理专家。我祖父是对的——选择笔，就会赢得一切。

关于关爱思维模式的重要性，我的父母也教会我很多，他们特别教育我要关切用心，要有责任感，要有坚定的决心。在我上小学的时候，我的父亲经营一个小药店，他会在早上 5 点叫醒我，然后我们一起出门跑步 45 分钟。回到家，我先洗澡，洗完澡，瑜伽老师会来我家给我上半小时的瑜伽课。做完瑜伽，音乐老师再来我家教我弹奏一种名叫塔不拉的印度手鼓，我到现在都会演奏这种乐器。上完音乐课，我要准备上学，吃早餐，然后去学校，从 10 点开始上课。我上的是吉大港的公立学校，而不是私立学校，因为我们没有那么多钱上私立学校。但是我的父亲下定决心，一定要让我受教育。

父亲还教育我，要对他人关切用心，要意识到自己对别人产生的影响。大多数人买不起汽车或者自行车，所以他们都搭乘黄包车作为交通工具。每次上坡的时候，父亲就会从黄包车上下来，然后自己走上去。

“你为什么要走路呢?”我问他，“你雇了黄包车啊。”我们当时居住的区域坡路特别多。“黄包车夫爬坡太吃力了。”他回答道。

我对他教我的同理心有时候不是很认同，并且会和他起争执。但是最终，我还是认同了他的想法。大学毕业之后，我和父亲做了一样的事情。如果我雇了黄包车，但是坡路太陡，我就会从车上下来，和黄包车夫一起走路。他们当然会拒绝我这么做，但是我很坚持。如果坡道非常陡，我就拒绝坐在车里。

除此之外，我还和车夫聊天，他们通常都是最穷的人，我会边走边和他们聊他们的生活和家庭。我会用我父亲的例子鼓励他们让自己的孩子受教育。我去他们家里和他们谈生活。根据我从他们身上学到的东西，我写了一篇文章，并且发表在全国报纸上。

但是说实话，在那个阶段，我不是非常理解同理心的重要性。我只是在做自己认为正确的事情。

1971 年，孟加拉解放战争之后——大约有 300 万人遭到杀害——孟加拉的经济非常窘迫。乡下到处游荡着乞丐和穷人，总是有很多穷人敲我家的门。我父母会给他们一点钱和食物。他们不断敲门，很影响我早上的学习，我向母亲抱怨他们打断我的学习。

“别开门，他们就会走掉的。如果你给他们吃的，他们明天还会来。”

“他们没有饭吃。”她回答说。

毫无疑问，他们第二天还会来。

我对她的施舍感到非常生气。但是她让我明白，照顾他人是无比珍贵的品质。她教育我，无论行为多么微不足道，都要承担起减轻饥饿和贫穷的责任。

30年后，她到底特律来看我。我协助建立了一个基金会，为那些穷苦的人提供受教育的机会。这个基金会是和美国志愿者（Volunteers of America）联合成立的。我让基金会在底特律寻找孩子吃不饱饭的10个家庭。

我邀请这10个家庭同我的很多朋友和客户一起吃午餐。我的母亲也在场。午饭期间，基金会宣布要为每个家庭捐款。在讲话的时候，我讲述了小时候门前乞丐的故事。我说，是我的母亲教会了我照顾别人和回馈社会。

我的母亲泪流满面。“这是你给我的最好的礼物。那个时候你特别生气，我以为你什么也没学到。”和我的朋友、客户以及其他家庭分享我们的故事，对她来说意义重大。

如今，我和妻子把我小时候学到的东西又教给我们的孩子。和我的祖父、父母亲一样，我们也担负起教育孩子的责任。我们全家最近去了一趟加尔各答，参观了一家非营利组织拉玛克里斯纳传会（Ramakrishna Sarada Mission）。那个组织帮助穷苦的孩子接受小学教育。妻子和我，还有我们 14 岁的女儿阿兰迪、9 岁的儿子阿尼什对这次经历都非常感动。

每天差不多有 400 个孩子去那里上学，学校为他们提供书本、校服、医疗，还有冬天穿的厚衣服。他们原本可能在街上游荡，但是现在，他们有学上，还有营养的午餐吃。对他们中的大多数来说，那是他们每天唯一的一顿饭。

我们有幸在参观期间为孩子们赞助午餐。午餐快结束的时候，阿兰迪和阿尼什为孩子们分发橘子，这对他们来说是难得的奖励。

我问其中一位老师：“你在这里工作多久了？”她说，她 20 岁出头的时候就在这里教书了。这时她已经 60 岁了。不用说，她为了孩子们的幸福，承担起了自己的责任。

“每个孩子都很重要，”她说，“我要为此负责。这是上帝安排我降生到这世上的原因。”

STAR 系统不是一个逐步的过程，你不用按照顺序接受、练习和建立这四个方面，但是你必须要加以练习，并将它们融合起来，才能建立起关爱的思维模式。我们每个人的内在已经拥有这四个元素，只不过有些人更强烈一些。我建议先集中练习那些比较薄弱的方面。如果你不够关切用心，那就寻找一些机会，加强你的意识，并且加以提高。需要记住的是，这四个方面是互相结合在一起的。当我说到“承担责任”时，可能你理解的是要有责任感。措辞无关紧要，只要你把注意力放在为他人做出改变这个目标上就可以。

练习关爱的思维模式，首要和最重要的一点就是无私地帮助他人。一天结束的时候，思考一下，你今天有没有无私地帮助别人，或者让世界变得更好？如果你的回答是“有”，那就是对自己的赞扬。要竭尽全力鼓励别人做出改变。如果你的回答是“没有”，那就想一个方案，明天去实施。

对自己的行为和想法要直截了当，尝试着养成诚实、直接、公平和坦诚地与别人交往的习惯，无论他们是同事还是家人。诚实地做自己需要很大的勇气。我相信，你对自己越真实，你成功的概率就越大。

要想做到关切用心，你需要学会倾听、对别人怀有同理心、关心别人、行为上周到、不要自私。学会不要嫉妒别人或者以自我为中心。对他人的成功心怀嫉妒，对所有人来说都是一个恶性肿瘤。如果你不能真心实意地为别人的成功喝彩，你就永远不可能取得巨大的成功。

承担责任，也就是要意识到自己的周围有哪些事情需要做，然后承担起个人的责任。下决心采取行动，对可能产生的结果深思熟虑，然后再设定很高的目标。不要让自己陷入自怨自艾或者绝望的处境，也不要允许自己认为自己的行为无所谓。

要想坚定果断，就要持续不断地支持自己热爱的事物。怀着谦卑的心态，但是必要的时候，要大胆变革。

我希望《差异》会让你有一个比较高的起点，去培养关爱的思维模式，并且对你以及你周围的人产生影响。

我相信，如果你亲身实践这四个方面，你一定也会鼓舞其他人做出相同的举动，最终帮助你的企业或者社区营造出 STAR 文化。你要加强实践，直到关爱的思维模式成为你人生中不可或缺的一部分，彻底拥有它们，并且让它们成为你的一部分。做到了这一点，你就会鼓舞你周围的人也这么做。这些原则极具传播性。你就是影响力。

注　释

第一章

1. http://www.gallup.com/poll/1597/confidence-institutions.aspx.
2. http://infrastructurereportcard.org/a/documents/2013-Report-Card.pdf.

第二章

1. P. Sellers, "The Tipping Point in Ford's Turnaround," *Fortune*, December 20, 2010, http://fortune.com/2010/12/20/the-tipping-point-in-fords-turnaround/.
2. S. M. Caldicott, "Why Ford's Alan Mulally Is an Innovation CEO for the Record Books," *Forbes*, June 25, 2014, http://www.forbes.com/sites/sarahcaldicott/2014/06/25/why-fords-alan-mulally-is-an-innovation-ceo-for-the-record-books.
3. T. Koehrlen, "The Hidden Dishonesty with Youth—6 Things Every Parent Should Know," http://www.ontheroadtohonesty

.com/3-the-hidden-truth-behind-dishonesty-with-youth-6-things-every-parent-should-know/.

4. "White Collar Crime," Cornell University Legal Information Institute, https://www.law.cornell.edu/wex/white-collar_crime.
5. C. Isadore and E. Perez, "GM CEO: People Died in Our Cars," *Money*, September 17, 2015, http://money.cnn.com/2015/09/17/news/companies/gm-recall-ignition-switch/.
6. "List of American State and Local Politicians Convicted of Crimes," *Wikipedia*, November 22, 2015, https://en.wikipedia.org/wiki/List_of_American_state_and_local_politicians_convicted_of_crimes.
7. Julia Roberts, Instagram, https://instagram.com/juliaroberts original/.
8. N. Mazar and D. Ariely, "Dishonesty in Everyday Life and Its Policy Implications," *Journal of Public Policy & Marketing* (Spring 2016), http://people.duke.edu/~dandan/Papers/PI/dishonesty.pdf.

第三章

1. L. Janusik, "Listening Facts," http://d1025403.site.myhosting.com/files.listen.org/Facts.htm#Time.
2. D. Lee and D. Hatesohl, "Listening: Our Most Used Communication Skill," University of Missouri Extension, October 1993, http://extension.missouri.edu/p/CM150.
3. Scott Williams, "Listening Effectively," Raj Soin College of Business, Wright State University, http://www.wright.edu/~scott.williams/skills/listening.htm.
4. W. V. Haney, "Communication and Interpersonal Relations," McGraw-Hill, October 1991, cited at http://www.wright.edu/~scott.williams/skills/listening.htm.
5. https://inaspaciousplace.wordpress.com/2014/07/02/listening-filters/.

6. J. Treasure, "5 Ways to Listen Better," TEDGlobal, July 2011, transcript of TED Talk, https://www.ted.com/talks/julian_treasure_5_ways_to_listen_better/transcript?language=en.
7. B. Gates, "The Turning Point: Our First Trip to Africa," *Gatesnotes*, September 2012, http://www.gatesnotes.com/About-Bill-Gates/The-Turning-Point-Our-First-Trip-to-Africa.
8. A. Smith, "Americans' Generosity Has Never Been like This," *CNN Money*, June 16, 2015, http://money.cnn.com/2015/06/16/news/giving-usa-charity-donations/.
9. R. Young and J. Hobson, "Richard Gere Brings Homelessness to the Big Screen," *Here and Now*, September 10, 2015, http://hereandnow.wbur.org/2015/09/10/richard-gere-time-out-of-mind.
10. P. Larsen, "Richard Gere Hits the Streets as a Homeless Man in 'Time Out of Mind,'" *Orange County Register*, September 24, 2015, http://www.ocregister.com/articles/says-684489-gere-movie.html.

第四章

1. *Rethink* website accessed at http://www.rethinkwords.com/.
2. Ibid.
3. J. Aaker (curator), "Meaningful Choice," JCR Research Curations, http://www.ejcr.org/Curations/curations-11.html.
4. *Harvard Business Review* staff, "The Value of Choice," *Harvard Business Review*, October 2013, https://hbr.org/2013/10/the-value-of-choice.
5. M. Goldsmith, "Reducing Negativity in the Workplace," *Harvard Business Review*, October 8, 2007, https://hbr.org/2007/10/reducing-negativity-in-the-wor.
6. D. Rock, "Three Ways to Think Deeply at Work," *Harvard Business Review*, September 28, 2012, https://hbr.org/2012/09/three-ways-to-think-deeply-at-work.

7. J. Heskett, "Why Don't Managers Think Deeply," *Working Knowledge,* June 6, 2008, http://hbswk.hbs.edu/item/why-dont-managers-think-deeply.
8. H. Heyman, "Teresa of the Slums," *Life,* July 1980, http://www.maryellenmark.com/text/magazines/life/905W-000-014.html.

第五章

1. J. Collins, "Level 5 Leadership: The Triumph of Humility and Fierce Resolve," *Harvard Business Review,* July 2005, p. 7, PDF accessed at https://hbr.org/product/level-5-leadership-the-triumph-of-humility-and-fierce-resolve-hbr-bestseller/R0507M-PDF-ENG.
2. Ibid., p. 2.
3. Calleam Consulting Ltd., "Why Do Projects Fail? Facts and Figures," http://calleam.com/WTPF/?page_id=1445.
4. S. Bishop, "The Strategic Power of Saying No," *Harvard Business Review,* November–December 1999, https://hbr.org/1999/11/the-strategic-power-of-saying-no.
5. A Mighty Girl Facebook page, https://m.facebook.com/amightygirl/photos/a.360833590619627.72897.316489315054055/929603487075965/?type=3&source=48.
6. Web page of Kopila Valley School, http://www.blinknow.org/pages/kopila-valley-school.

第六章

1. Steve Jobs, commencement address, Stanford University, June 2005, http://news.stanford.edu/news/2005/june15/jobs-061505.html.
2. http://www.srisaradamath.org/gangarampore.php.

致谢

写作的人都知道，完成一本书需要很多人的帮助。本书也不例外。

罗杰·修尔堪称编辑中的编辑，绝对是最好的编辑。他为我提供指导，不断地鼓励我，并且全心全意地支持我。这是我第二次在罗杰的指导下，和企鹅兰登书屋出版社合作。他是一位热情洋溢的支持者。谢谢你，罗杰。

20 多年前，辛西娅·西格蒙德在我开始撰写第一本书的时候，给予我巨大的鼓励、支持和指导。她是出版界的专业人士，同时也是伟大的朋友。我的书里有很多想法都是受她的激励才得以成形。认识辛西娅是一件让我觉得很幸运的事情。

迪克·理查德擅长用一种很自然的方式从我身上引导出故事，而我甚至都意识不到那些故事的存在。他将我所有的信息整合起来，转化成你现在所读到的内容。我对这本书深感自豪，并且对迪克怀有深切的感激之情，感谢他巨大的支持和无私的辛勤工作。

感谢Crown的整个出版团队：社长蒂娜·康斯特布尔、副社长坎贝尔·沃顿、市场总监助理阿耶列特·古鲁文史佩、公关宣传欧文·黑尼以及出版经理助理梅根·派瑞特，他们的工作都完成得非常出色。

感谢ASI咨询集团的同事们，他们总是毫不吝啬地对我表示巨大的支持。他们都真正懂得，每日实践关爱的思维模式有多么重要。

我还要感谢许多人，包括《财富》排行前100的首席执行官们，教授、高中教师、高管、中层管理人员、医生、工程师、大学生、律师、流水线上的工人、政客、非营利机构的志愿者，以及知名的领导力专家，他们同意阅读我的稿件，并且提出反馈意见。他们每个人都对本书产生了影响。

还有对我每天的工作产生影响的客户们。我从他们身上学到了很多东西。我希望本书会对他们每一个人所在的企业都能产生影响。

还有为我提供反馈、鼓励和支持的世界各地的读者，谢谢你们。

感谢我的祖父奇塔兰让·比斯瓦斯，当我还是个孩子的时候，他就教会我如何拥有关爱的思维模式。他给我的教育对我的人生产生了深远的影响，激励我撰写出这本书。

我的父母苏希尔·乔杜里和克里希那·乔杜里用他们慷慨大方和自我牺牲的行动让我明白了什么是影响力。

我的岳父母阿西木·胡哈和克里希那·胡哈用他们深深的爱与关怀对我的家庭产生了巨大影响。

如果没有我的妻子马里尼无私的支持，这本书是不可能问世的。从我认识她的第一天，她就对我产生了影响。生活中有她的陪伴，让我感到无比幸运。

我的儿子阿尼什和女儿阿兰迪，每天都为我的生活带来无穷的快乐。身为人父，让我更加明白影响力的重要性。我希望他们能像对我的人生产生影响一样，为这个世界带来影响。

图书在版编目（CIP）数据

差异：激活团队能量的四个密码/（美）苏比尔·乔杜里（Subir Chowdhury）著；黎涓译．—北京：中国人民大学出版社，2018.4
书名原文：The Difference：When Good Enough Isn't Enough
ISBN 978-7-300-25610-8

Ⅰ.①差… Ⅱ.①苏… ②黎… Ⅲ.①组织管理学 Ⅳ.①C936

中国版本图书馆 CIP 数据核字（2018）第 045094 号

差异
激活团队能量的四个密码
[美] 苏比尔·乔杜里 著
黎 涓 译
Chayi

出版发行	中国人民大学出版社		
社　　址	北京中关村大街 31 号	**邮政编码**	100080
电　　话	010－62511242（总编室）		010－62511770（质管部）
	010－82501766（邮购部）		010－62514148（门市部）
	010－62515195（发行公司）		010－62515275（盗版举报）
网　　址	http://www.crup.com.cn		
	http://www.ttrnet.com(人大教研网)		
经　　销	新华书店		
印　　刷	北京联兴盛业印刷股份有限公司		
规　　格	145 mm×210 mm　32 开本	**版　　次**	2018 年 4 月第 1 版
印　　张	5.25 插页 2	**印　　次**	2018 年 4 月第 1 次印刷
字　　数	75 000	**定　　价**	48.00 元